隣之怪 木守り

木原浩勝

角川文庫 17019

もくじ

——一志へ。

命日

大学を卒業した春、私が友人の招きで彼の実家に三泊四日の旅行に行った時の話です。東北地方にある彼の実家は、その土地で代々続く旧家ということでした。三月下旬とはいえ駅から出ると雪がかなり残っていて、都会育ちの私にとってはその景色そのものに、何か時間の流れの遅さのようなものを感じました。

初めて見た彼の実家は大きな農家……というよりも、とても立派なお屋敷のように映ったような気がします。

夕食にはこの地方独特の様々な山菜などを使った珍しい料理が振る舞われ、とても歓迎されているという雰囲気でしたが、家族の方々にはどことなく暗い影があるような気がしました……。

二日目の晩、のこと。

家族……というか、屋敷全体がなんとなく落ち着きがなく、それでいて重たい空気に包まれていて、どんどん沈みこんでいくような気配に、私は妙な居ごこちの悪さを感じました。

私を招待してくれた友人ですら、そわそわしています。

そんな中、家の電話がリンと鳴った途端、家族みんながびくっとして電話の方を振り返り、その度に、お母さんがもの凄《すご》い勢いで飛びつくように出て、震えるような声で応対するのです。

ところが二言、三言喋《しゃべ》ると途端に明るい声になって話しだすのです。

どういうわけかお祖《じい》父さん、お祖《ばあ》母さんをはじめとする家族の人たちも、いちいちお母さんの様子をじっと見つめていて、声が明るくなった途端、落ち着きを取り戻すように見えました。

友人に二、三度、何か様子がおかしくないか？　と訊《たず》ねましたが、ただ小さく薄く笑って、明日の二十八日になったら教えるよ、としか言いません。

もう一つ気になることがありました。

都会育ちの私や大学生活を終えたばかりの友人が夜にめっぽう強いのはわかるのですが、この家のご家族はお祖父さん、お祖母さんまで夜更かしをするようで、田舎の、それも農家は早寝早起きをするものだというイメージをもっていた私は少々驚きました。

そもそも、この家に着いた晩もそうでしたが、この日も日付が変わろうかという時間になってもご家族の皆さんは酒を酌み交わしていました。

じたのです。

しかし、何かこの夜更かしが私への歓迎とは違う、何か無理をしているような空気を感じたのです。

そのせいかこの夜は、時間の流れとともにどんどん重い空気になって、とうとう私は口が利けなくなりました。いえ、私がというより、ご家族の誰もが次第に話さなくなっていくので、私も黙るしかありませんでした。

ところが……。

深夜十二時を過ぎた途端、歓声ともため息ともつかない声が家中に響きました。

それは友人とて例外ではなく、はぁと長い息を吐くと、さっきまでとは別人のようにみるみる高揚していくのです。

夕食からずっと一緒に飲んでいたのに、その顔はまるでたった今アルコールが入ったかのような変わり具合でした。

途端に電話がひっきりなしに鳴りはじめ、それに出るお母さんはそれはもう嬉《うれ》しそうに話し、友人もご家族も次々と電話を交代していきます。

なんだ？　どうなってるんだこれ……。

私の隣に電話を終えた友人が帰ってきた時に、おい、子供でも生まれたのか？　と訊ねると、生まれちゃいないが、まぁそんなようなものだ、と言って飲め飲めと酒を注ぎます。

飲み干した途端に、お父さん、お母さん、お祖父さん、お祖母さんまで、まっまっまっ、一杯！　とお酌をしに集まってきました。

どれくらい飲んだのか、目が覚めると客間に寝かされていました。

確か、昼近くでした。

遠くから聞こえる大笑いする声で意識がはっきりとしてきたので廊下に出ると、間仕切りの襖《ふすま》を外して大広間ができています。

そこには友人の親戚《しんせき》一同なのでしょう、大勢の人たちが集まって、飲めや歌えやの大宴会の最中でした。

…………。

二日酔いで頭が痛かったのですが、友人のお父さんに見つかった途端、宴会の真ん中に引き出されて息子の友人が東京からわざわざ来てくれた、と紹介されると座はさらに盛り上がりをみせ、私は友人から迎え酒に一杯と言われて飲まされたのを皮切りに、親戚一同のあいだをたらいまわしにされたのです。

あまりの狂宴にこれは敵《かな》わない、と隙をみて外に逃げ出すと、私が家の外に出て行くのを見ていたのでしょう、友人が後ろから追いかけて来ました。

いきなりの大宴会で驚いたろう、と友人は上機嫌です。

そりゃ驚きます。

一夜明けたら大宴会だ、驚くに決まっている、そう答えると、教えてやるよ、と言って友人が裏山に向かって歩き出しました。


しばらく歩いて、少し開けた場所に出ると、そこはなんと墓所でした。

ここは……お墓だろ？

わけもわからず立ち尽くしていると、友人は奥にある大きな墓石の後ろから顔を出して、こっちこっち、と手招きをします。

横に広がった墓石の大きさからして、いかにも彼の一族のものだと感じました。

裏に回ると、ここを見てくれ、と言います。

そこには、名前はもちろん亡くなった年と日付がずらりと彫ってありました。

えーっと、三月二十七日、三月二十七日、三月二十七日……。

………‼

凄くないか？　これ？

亡くなった日付がすべて三月二十七日だ……。

一瞬で酔いが醒《さ》めました。

さらに、案内されるままにほかの小さな古い墓石まで見てゆくと、そのほとんどに、三月二十七日と彫ってあります。

なっ、なんだこれ？

私の驚きをよそに、友人は平然とした顔をしています。

どういう理由《わけ》だかわからないけれど、大往生だったり、病気だったり、事故もあったりするし……死産もあったりするみたいだけれど、俺の一族はなぜか三月二十七日……まあ、この通りだ。だから何もないまま二十八日になると親戚一同が集まって、一日、二日宴会をやるんだよ……。今年も誰も死ななかった、ってね……。

…………。

まるで何かの呪いや祟《たた》りだろ？　そう言って、友人はうつむいて笑いました。

刺青《いれずみ》

私が職場でお弁当を食べ終えたときのことです。

昼休みが終わるまで三十分あるから何か冷たい飲み物でも買ってこよう、と思って振り返ると、いつからそこにいたのか親友のエリが立っていました。

どうしたの？

ねえ、お願い！　明日の土曜日、彼氏に会ってくれない？

彼氏？

知らなかった。エリの奴、いつの間に親友の私を差し置いて彼氏を……。そうか、親友だからこそ真っ先に彼氏を紹介してくれる……というわけね。

そう思うと少し嬉しくなりました。

紹介はいいけど、デートのお邪魔じゃない？

一応ひと言皮肉を込めたお約束の前置きをすると、エリは首を横に振って、そんなことないから是非会って欲しいの、と真顔で答えます。

それなら喜んでおつき合いさせていただきましょう。でもエリはどこで彼氏を見つけたの？　と訊《たず》ねてみましたが、彼女はそんなことなどどうでもいいかのように、近所の居酒屋でたまたま席が近くて気があったから、と簡単に答えて自分の席に戻っていきました。

翌日、私は海岸沿いの小さなイタリアンレストランでエリから彼氏を紹介されました。失礼とは思いながらも、私は当然のように観察モードに入り、しげしげと眺めてしまいます。

この暑い中を長袖《ながそで》のカッターシャツにジーンズ、日に焼けた肌に、細身でがっしりした身体つきが、いかにもサーファーを思わせる人でした。

長いつき合いの私の目から見て、エリの直球ど真ん中のタイプです。

居酒屋で出会ったと言っていましたが、エリの方から声をかけたに違いありません。

それにしても私と二人きりのときにはあんなに騒がしいエリが、こちら、コウジさん。と彼氏を紹介したきり黙っています。

彼氏も彼氏で、どうもはじめまして、と言ったきり口を開きません。

これでは私も、何をどう話していいものかと困ってしまいます。

お見合いの席じゃないんだから、もう！

仕方がないので正面に座っているエリに向かって、ちょっと黙ってないでなんとか言いなさいよ、という目線を送るしかありません。

エリは私の目線をすぐ読み取ってやっと口を開いたかと思うと、コウジさんの話……相談なんだけどちょっと聞いてくれない？　と切り出したのです。

はぁっ？

声にこそ出しませんでしたが、恐らく私はそういう顔になったに違いありません。

どうしていきなり、初対面のそれも親友の彼氏から相談されなきゃいけないの？

なんだか凄《すご》く沢山の説明を省略されたような気がしました。

……あの、彼がどうかしたの？

しばらくして、やっと彼が重い口を開いて、丁寧な口調で話しはじめました。

二年前の冬、俺らが五、六人の仲間と連れ立ってバイクでツーリングに出かけたときの話なんですけど……。

二時間ほど山道を走った辺りで、そろそろ休憩かなというとき、遠くに白っぽい建物が見えてきました。

病院だ……。

近づいてみると、その寂れ具合からすぐに閉鎖されているとわかりました。

ちょうどいい休憩場所を見つけた、と思ったのか、先頭のバイクがウインカーを光らせ、俺やみんなもそれに続いたんです。

病院の前にバイクを停めてしげしげと眺めてみると、その建物は大きく立派で、総合病院といった感じでした。冷たい風の中を走り通しだったので、風がさえぎられた場所での休憩が凄くありがたかったのをよく覚えています……。

リーダーが病院の入り口前で、おい、ここに入れるぞ、と声を張り上げました。

寒い中でただ立って休んでいても退屈だし、まだ陽も高い……。電気の来ていない廃屋でも中は明るいだろう、と言うので入ってみることになりました。

俺もそうでしたが、みんなも面白そうだと思う気持ちが抑えられなかったのだと思います。

中に入ってみると、受付カウンターのある少し大きなホールがありました。

もちろん病院そのものは珍しくありませんでしたが、俺が知っているのは受け付けや診察室くらいなもので、後はせいぜいレントゲン室に入った程度の記憶しかありません。よく考えてみれば、中のそれぞれの扉の向こうがどんな部屋で、どんなものがあるのかということを全然知りません。そのことに気がつくと、ホールから見える中のすべてが珍しい光景に思えてきたんです。

みんなの目が好奇心でキラキラしていましたから、誰もが同じことを考えていたのだと思います。

全員一緒だったのはホールにいたときだけで、しばらくすると、俺はあっち、俺はこっち、とすぐに各自バラバラに散って部屋の探検が始まりました。

俺もうろうろ歩いて一つの部屋に入ってみたんです。

なんの部屋かは覚えていませんけど、覗《のぞ》いて驚きました。

会社によくあるようなファイルロッカーが沢山置いてありましたが、その床には大量のカルテが散らばっていたんです。

いくら病院を閉鎖するからって、まさかカルテまで放置していくとは思いませんでした。

なんだか申し訳なくて、なるべくカルテを踏まないようにしながら部屋の中を歩き、ロッカーの引き出しの一つを開けてみてさらに驚きました。

てっきり空《から》だと思っていたら、古びたカルテがビッシリと詰まっていたんです。

カルテというものをちゃんと見たことなど一度もないな、と思いながらその中の色あせた一枚を取り出しました。名前の欄を見ると〝まつやまようこ〟と書いてあります。

……そんな人がいたんだ。

とはいえ、カルテは読み物なんかじゃないし、日本語じゃない文字ばかりだったので、名前を見ただけですぐに元に戻しました。

あまり興味を引くものがなかったその部屋を出て、あちこちウロウロして、次に入ったのが事務室とも資料室ともいえるような部屋だったと思います。

いくつもある本棚からは随分本が持ち出されていて隙間だらけでした。

一体誰が持ち出したのかはわかりませんが、カルテのような個人情報よりも本を持ち出す方が大事なのかと思うと、少し奇妙に感じました。

その本棚の中で、まったく手がつけられていない棚があって、そこだけは本が抜き取られることなく、綺麗《きれい》に揃っていたんです。

一冊手に取って開いてみると、どうやらアルバムのようでした。

たまたま開いたページに集合写真があって、その中の一人の女の人になぜか目が止まったのです。

何がどう、というわけではありませんでしたが、この女の人は誰だろう？　と思いながら写真の下にある名前を見て、ギョッ、としました。

〝まつやまようこ〟とあります。

さっきのカルテで見た名前です。

凄い偶然もあるもんだと、慌ててアルバムを元の棚に戻しましたが、ひょっとしてこのまま探検を続けていたらまた同じ名前を見るのかもしれない……そう思った途端、病院にいるのが気持ち悪くなってすぐに外に出ると、正面玄関脇の花壇に腰をかけてみんなが出てくるのを待ちました。

中はよほど面白かったのだと思います。みんなの声が病院の奥から聞こえてきたころには、休憩しはじめてから二時間くらい経っていましたから……。

出てきたみんなは手に手に本や新聞など、紙の束を持っていました。

どうするんだ、そんな物？

寒いから焚《た》き火をすることにした。

病院の裏に行くぞ！

いままで寒い外でさんざん待っていましたから、喜んでみんなについて病院の裏手にまわりました。

裏手には焚き火をするには十分な広さの中庭があったので、そこに新聞や周りにあった廃材を集めて火をつけたのです。

小さく燃えはじめた火に、それぞれが持ってきた紙を次々と放り込んでいくのを眺めていると、友人から、お前もやれよ、と紙の束を渡されました。

カルテだ。こいつもあの部屋に入ったのか……。

そのカルテの一番上が、〝まつやまようこ〟だったのです。

うわっ！

俺はぞっとして、その束全部を焚き火に放り込みました。

馬鹿、いっぺんに放り込んでどうするんだ！　と怒鳴られましたが、そんなことはどうでもいいことでした。

頭の中は、どうしてこの名前ばっかり目にするんだ？　という思いしかありませんでしたから……。

とはいえ、燃えていくカルテを見ているうちに、これでもうあの名前を見ることもないと、ほっとした気持ちになれたんです。


エリの彼氏は、喋《しゃべ》りはじめる前のように黙ってしまいました。

……終わり？　なの？　聞いて欲しい話ってこれ？　相談にもなっていないけど……。

私は正直戸惑いました。

ただ気持ちの悪いだけの話じゃないの……。

エリは私の顔を読んだのでしょう。彼氏の方を見て、ほら、それだけじゃないでしょ？と言って話の続きを促しました。

それを聞くと彼は、テーブルに置いた右腕のシャツのボタンを外して、袖《そで》を捲《まく》り上げはじめました。捲り上げるごとに、シャツの下から何やら青い模様が見えてきます。

刺青《いれずみ》でした。手首の少し上のところから彫ってあって、捲り終わるとそれは肘《ひじ》のところまで続いていました。

唐草模様と呼べばよいのか、幾何学模様と呼べばよいのか、青い何かがうねるように彫ってあります。

シャツはこの刺青を隠すためだったんだ……。

彼がこんなに暑い日に、長袖を着ている理由がわかりました。

何やってるの。いきなりそれから見せなくたって！

慌ててエリは、人目から隠すように、テーブルの上から彼の右袖を下におろしにかかりました。

しかし彼は、いいんだよ、と言って強引にエリの腕を振り払うと、刺青を出したままテーブルの上で両手を合わせたのです。

私は初めて彼の意志らしいものを見たように感じました。

……その後のことなんです。

彼がエリから促されることなく、再びゆっくりと、そして丁寧に喋りはじめました。

ツーリングの翌朝、目が覚めるとパジャマの右袖に血が滲《にじ》んでいて、捲り上げてみると引っかき傷だらけになっていたんです。

寝ているときはまったく気づきませんでした。

左手の爪にわずかに血がついていたので、きっと夜中に虫にでも刺されて痒《かゆ》かったんだろう……。それくらいにしか思いませんでした。

まぁ、……冬に虫に刺されるわけはないんですけど……。

ところが翌朝もそのまた翌朝も、目が覚めると傷が増えていて、赤い腫《は》れが大きくなっていきました。

虫に刺されたのだと勝手に決めつけていましたが、不思議なことに別に痒みがあるというわけでもなければ傷や腫れのわりには痛みもまったくなく、ただ右腕の、それも手首から肘にかけてだけをかきむしった痕《あと》が赤く腫れているだけなんです。

それからは左手の爪をよく切って、寝ているあいだにかきむしらないようにしました。

ところがその傷は治るどころか、いくら消毒して薬を塗っても赤い腫れがひきません。

仕方なく皮膚科に行くと、何かに〝かぶれた〟ようですね、と言って処方箋《しょほうせん》を出してくれました。

流石《さすが》に医者の薬だからなのか、赤い腫れは一晩でひきましたが、傷痕がミミズ腫れのように浮かび上がり、それだけはどうしても治らなくて、いくつか残りました。

それからしばらくは何も気にすることなく過ごしましたが、ある日風呂《ふろ》に入ったときに自分の腕を見てギョッとしたんです。

傷痕がお湯で赤く筋のように浮かび上がり、〝まつやまようこ〟という字になっていたんです。

……それから何日もしないうちに、傷痕が盛り上がって、それがミミズ腫れの〝まつやまようこ〟と浮かび上がったところで止まりました。

知らない女の名前が、腕に浮かび上がるなんて……。

どうしていいのかわからないまま、ただミミズ腫れを見られないようにする毎日でした。それでも冬のあいだはなんとか長袖で隠すことができましたが、暖かくなってくると人の目が気になってきます。いつまでもこのままというわけにもいかないと思って、名前を隠すために刺青を彫ることにしたんです。

……ほかに考えつかなくて。

彫り師からは、自分で傷つけてこの名前を作ったのか？　と訊《たず》ねられましたが、事情を話すと黙って、名前がわからないようにこの模様を彫ってくれたのです……。

その話、本当ですか⁉

思わず私は彼の右腕の刺青を見ました。

さっきはしげしげと眺めるのは失礼と思い、よくは見なかったのですが、いまは刺青ではなく、そこに隠されているという文字を見るために彼の右腕をよく見ました。

うっすら盛り上がっているミミズ腫れの影の具合で、何やら浮かんでいる文字が見えます。

触ってみた方がよくわかりますよ。

彼に言われて指先でなぞってみると、確かに字が浮かんでいました。

平仮名で〝まつやまようこ〟とあります。

私は何も言えませんでした。

彼も何も言いませんでした。

エリは何か言って欲しそうでした。


長い沈黙の後、私はエリに、どうして彼のこの話を私に相談させたの？　と訊ねました。

ほら、あなたお寺の娘でしょ？　どうにかならないのかなと思って。

はぁ⁉　それだけ？

私もエリの彼氏も同時にそうつぶやきました。

私は当然のことながら何もわからないし、何もできないと言いました。

彼氏に聞いてみると、実は彼の方もエリに呼び出されて、レストランに向かう車の中で、この刺青の相談をするように言われただけで、なぜ私に話さなければならないのかは知らされていなかったということでした。

悪いけど私にはどうすることもできないと言って、その日は別れたのです。

一年後、エリはその彼氏と結婚して退職……できちゃった婚でした。

そして……生まれたのは女の子でした。

壁

私が小学校五年生のときの話です。

その日は、放課後みんなでドッジボールをして遊んでいました。

投げられたボールをがっちりと受け止めて、誰に当てようかと狙いを定めながら、ボールを投げようとしたときでした。

相手コートのアツミ君が、急に立ち止まって横を向いたのです。

ボールを当てられないようにみんなが私を見つめながら、凄《すご》い勢いで後ろに下がっているのに、アツミ君だけが動かないので、チャンスとばかりにボールを当てました。

ところが、当たったボールはもの凄い勢いで私のところに跳ね返ってきたのです。

ビックリしてそのボールを摑《つか》みましたが、その勢いはまるで壁に当たって跳ね返ってきたかのようでした。

周りのみんなが、当たった当たった、と騒いでいるのに、アツミ君はずっと止まったままでピクリとも動きません。

当たったんだからコートの外に出てよ、と私が声をかけてもまったく動かないので、流石にみんなも、何やってるんだ？　どうしたんだ？　と声をかけはじめました。

するとと急にアツミ君が歩き出したのです。

どうしたんだろう？

普通にコートの外に出て行くにしては表情が固いままです。

あまりに様子が変なので、私もみんなもドッジボールをするのを忘れてその後について行きました。

アツミ君はよそのクラスがドッジボールをやっている隣のコートの真ん中を堂々と横切り、周りからの邪魔だから早くどけよ、という声にも耳を貸しません。

その後を私のクラスのみんなもぞろぞろとついて行くものだから、ほかのクラスのみんなもドッジボールをやめて一緒について行きます。

やがてアツミ君は真っすぐにグラウンドを横切ると、とうとう校庭の壁に突き当たりました。

行き止まりという意味じゃなくて、壁に頭からぶつかったのです。

ところがアツミ君は、コンクリートの壁に頭をぶつけて前に進めないでいるのに、歩くのをやめません。

額や鼻を押しつけて、手も交互に壁に当てながら歩くのをやめないんです。

足下の地面は、空歩きする靴のために少しずつ穴が掘れていくように見えました。

あんなに顔をこすりつけて痛くないかな？　私はそればかりが気になりました。

しかし不思議なことにアツミ君の顔からは、血が一滴も流れていません。

……あんなに強く壁に押しつけたまま動いているのに……。

ちょうどそのときです。

みんなどいて、どいて、という声に振り返ると先生がやって来ました。

先生は、危ないからやめなさい、と言ってアツミ君に近づきましたが、それでも彼は壁に向かって歩くのをやめません。

仕方なく先生が壁から引き離そうと肩に手をやった瞬間、アツミ君が先生の指を摑んで、捻《ひね》りあげるとそのまま地面に転ばせてしまったのです。

みんな驚いて後ろに下がると、アツミ君の周りに大きな輪ができました。中にはあまりにビックリして、泣き出したり座り込んだりする女の子までいます。

校庭にいたみんなが壁際に集まっているのを、怪我か事故かと思ったのか、五、六人の先生が職員室の方から走ってきました。

地面に転ばされた先生が立ち上がると、顔や手足にもの凄い擦り傷を作っています。

その先生が駆けつけた他の先生に事情を説明すると、そんな馬鹿な、と言って体育の先生がアツミ君の肩に手をかけました。

その途端、さっきと同じように指を捻り上げるようにして、凄い勢いで転がしたんです。

これを見た先生たちは初めて大変なことが起こっているとわかったのか、顔を引き締めると、一人の先生が右足、もう一人の先生が左足……と、四人で役割を決めてアツミ君を摑みました。

ところが、まるで持ち上がりません。

大人が四人がかりでも持ち上げることのできない様子を見ていて、私は体中に鳥肌が立ちました。

体育の先生が、もっと力を入れて、と大声で叫んで、少し持ち上がったと思ったら、そのままアツミ君は先生もろとも後ろに倒れこみました。

丁度、鉄にくっついていた強力な磁石を一瞬で引き剝《は》がしたかのようでした。

倒れた先生たちがクッションになってくれたためか、アツミ君が一番最初に立ち上がりました。

本当に不思議なことにあれだけ壁と擦《こす》れ合っていた彼の額には、ほんのちょっと血が滲《にじ》んでいるだけでした。

立ち上がってもぼんやりしていたアツミ君が突然、額に手をあてて、痛い痛い、と大声で泣きはじめると、体育の先生が急いで彼を抱きかかえて、保健室の方へ連れて行き、ほかの先生もそれに続いて行きます。

その途中で一番後ろの先生が私たちを振り返ると、もう今日はみんな帰りなさい、とだけ言って、追いかけるようにまた走っていったのです。

アツミ君は二日ほど学校を休みました。

登校した彼の頭には包帯がグルグルと巻かれていました。

私はアツミ君に、何があったのか訊《たず》ねてみましたが、彼はその時のことを何も覚えていませんでした。

槍《やり》

当時、私の家には大きな蔵がありました。

私が小学生のころ、この蔵の大掃除をした時のことです。

蔵の中からは埃《ほこり》と一緒に色々なものが出てきましたが、子供の私にとっては、何もかもが初めて目にする、古くてよくわからないものばかりでした。

日頃全然使わへんねんから全部捨ててしもたらええのに……。

などと思いながらぼんやり見ていると、お祖父《じい》さんもお祖母《ばあ》さんもお母さんも蔵に出たり入ったりしているのに、お父さんの姿が見えません……。

お父さんは何やってるんやろ？　と思っていると、蔵の中から埃まみれになって、何やら抱えて出てきました。

見たところ、それはムシロで包まれていて、ただのゴミを引っ張り出してきたようでした。

お父さんは、そのムシロを大事そうに縁側へ置くとまた蔵に入って行ったのです。

何やこのばばっちいの……。

蔵から外に出された他のものは埃を落とされて、また蔵の中に片付けられていきましたが、おかしなことに、片付けが終わりかけた頃、縁側に置かれたままのムシロだけはお父さんがさっと家の中に運んで行ったのです。

夜になって、お父さんが嬉《うれ》しそうに私を仏間に連れて入ると、中には新聞紙が広げられて、その上にあのムシロが置いてありました。

お父さんは、ええもん見せたるぞ、とムシロの中から自慢げに何やら次々と引き出します。

あっ！

それは、テレビの時代劇で見たことのある、お侍さんの刀でした。

錆《さ》びついていたのか一、二本抜けなかったのですが、五、六本はなんとか抜くことができました。

その刀身はそんなに錆びついてはいませんでしたが、といって光っているというものでもありませんでした。

こんなもんが、そないにええもんなんかな？

お父さんは凄く嬉しそうにニコニコと眺めていますが、可愛いお人形さんでも出てきて欲しかったというのが私の正直な気持ちでした。

子供心にあきれて、もうお片付けすれば？　と言うとお父さんはムッとした顔で、これはきっとええ値で売れる、と言います。

何もわからない私はお父さんに言い返されてなんとなく腹が立ったんだと思います。売れへんよ、そんなもん、とさらに言い返しましたが、それを聞き流すかのように、実はなぁ……あの後もう一つ凄《すご》いもんを見つけたんや。とそのまま刀を片付けて、この夜はそれが何かまでは教えてくれませんでした。


何日かして家にお客さんが来ました。

お客さんにご挨拶《あいさつ》をしに行くと、出されたお菓子がもらえることがあります。私はそれが狙いでお話の終わりそうな時間を見計らって客間を覗《のぞ》きに行きました。

隣の部屋から襖《ふすま》を少し開けて覗いてみると、お父さんの背中は見えたのですが、その背中でお客さんの様子がよくわかりません。

仕方がないので、知らない振りをして襖を開け、おとーうちゃん、とわざと甘えて背中に飛びつきました。

いつもの通りなら、お客さんは可愛いお嬢さんですね、とか言ってお菓子を分けてくれるはずでしたが、その日は何か様子が変でした。

背中に飛びついてもお父さんはピクリとも動かず、危ないから座っときなさい、と怒るように私を横に座らせたのです。

前を見ると、怖い顔をしたおじさんが二つ折にした白い紙を口にくわえて、刀をしげしげと眺めているところでした。

しばらく眺めて元の鞘《さや》に戻すと、ほかの刀と一緒に並べて置きました。

おじさんは口から紙を外すと、何やら難しい説明を始めましたが、私には何を言っているのかよくわかりません。

ただ一つだけわかったのは、あまり高くは引き取れませんよ、という言葉でした。

お父さんの顔をチラッと見ると、がっかりした顔をしていましたが、それならばと急いで部屋を出ていき、戻ってきたときには、長くて真っ黒い棒を持っていました。

あんなもんどっから出してきたんやろ？

その長い棒を見た瞬間、おじさんの目つきがハッと変わったのです。

拝見します、と手にした棒の先についている、細い帽子のようなものを取ると、キラッと光る刃が出てきました。

……見事な槍ですね。

ふーん、この棒は〝槍〟っていうんや……。

お父さんを見ると、自信満々の顔をしています。

…………。

ところがおじさんはますます怖い顔になって、元のように帽子を被《かぶ》せると、お父さんに槍を返しました。

これはお引き取りできません。

えっ？　お父さんはよほど意外だったのかビックリした声をあげました。

この槍、駄目ですか？　ごっついええもんのように思えるんですが。と言うと、おじさんは、確かによい物ですがこの槍、人を殺《あや》めていますなぁ……。これほどの物を扱うのは少々危のうございます。悪いことは言いませんから、手放さずに元あった場所に戻されるのがよいと思います。刀の方はお引き取りしますので、ご足労ですが後日、こちらをお持ちになってお店に来ていただけませんでしょうか？　と言い残して帰っていきました。

お客さんが帰った後のお父さんは心なしかがっかりした様子で、刀を持って部屋を出て行く姿を見て、私は少し可哀想になり、売れへんよ……なんて言うんじゃなかったと後悔しました。

……あれ？

畳の上には槍だけが残されています。

刀はさっきのおじさんに売るつもりやから片付けたんやろうけど、槍はどないするつもりなんやろ？　と思っていたら、戻ってきたお父さんは台所から踏み台を持ってきたのです。

踏み台の上に乗るとポケットから何やら金具を出して、襖の上のところにグルグル回しながら二つほど取りつけると、そこに槍を乗せてニコッと笑いました。

どや？　立派なもんやろ？　せっかく出したんや、売れへんのやったら飾りでもせんとな。そう言って踏み台を持ってまた部屋を出て行ったのです。

私は見上げながら、これが立派というもんなん？……と首を捻《ひね》りました。


もっとよく見てみようと思って、見上げながら襖に近づいたときのことでした。

スーッと目の前の襖が左右に開いたのです。

えっ？　なんで？

隣の部屋に誰かおるんかな？　そう思って開いた襖を抜けて隣の部屋に行ってみましたが、誰もいません。

あれ？　と不思議に思いましたが、開けっ放しにしておくと叱られるので、元の通りに襖を閉めました。

なんでひとりでに襖が開いたんやろか？

それればかり考えているうちに、そや、さっきと同じようにやってみたらわかるかもしれんと思い、廊下に出て、槍を飾ってある客間に戻りました。

槍を見上げながら一歩、二歩、と近づいていくと、またスーッと襖が開いたのです。

自動ドアやん！

私は凄く楽しくなって、通り抜けて襖を閉め、廊下に出てまた槍の客間に入る。

これをクルクルと繰り返して自動ドアを楽しみました。

残念なことといえば、一方通行のように槍のある部屋からしか開かなかったことでした。

この面白さをみんなに教えなければならないと、私は家を飛び出すと、近所で遊んでいる友達を呼び集めて槍のある客間に通しました。

もちろん自動ドアを見せて遊ぶためです。


ええか？　見ててや、面白いねんから。

そう言って襖に近づくと、みんなの見ている前でも襖が開きました。

うわぁ！　なんやこれ!?　と歓声が上がりました。

私は得意になって通り抜けると、襖を閉め、廊下を回ってみんなのいる場所に戻り、順番やから一列になってや、一人ずつやねんから、と仕切りはじめたのです。

一人が近づいてスーッと開く。通り抜けると私が襖を閉めて、通り抜けた子は廊下を回って列の最後尾につきます。

もう、私もみんなも楽しくて仕方がありません。

みんなでわぁわぁ騒ぎながら自動ドアを楽しんだのです。

よほど声がうるさかったのか、お父さんが客間にやってきました。

みんな、何やって遊んでるんや？

私もみんなも自動ドアごっこ、と答えると、お父さんはニコニコしながら、面白そうやな、おじさんにも見せてくれるか？　と言います。

列の一番前の友達が得意になって、おじさん見ててや、と襖に近づくと、お父さんの目の前で襖がスーッと開きました。

友達はさらに得意になって、ね、凄いでしょ？　とお父さんの方を振り返りました。

私もお父さんの喜ぶ顔が見たくて振り返ると、血の気が引いて真っ白になっていて、口を半分開けているのです。

なんや、これ？

お父さんは目の前の襖を閉めると、後ろに下がって、また襖の前に近づきました。

スーーッ。

やはり勝手に襖が左右に開きます。

…………。

お父さんはピクリとも動かずしばらく黙っていたかと思うと、あっという顔になりました。

槍《やり》か！

慌てて客間から出て行くと、踏み台を持ってきて、槍を降ろすと、それを持ったまま再び出ていきました。

槍を降ろした後の襖は二度と開かなくなったので、私も友達も、ひどくがっかりしました。

えっ？　槍ですか？　たぶんいまも蔵の中です。

遺　書

私は警察官です。

六年くらい前の話なんですけどね、あるアパートの管理人さんが交番にやってきて、立ち会って欲しいというのです。

事情を聞いてみると、アパートの住人から管理人さんのところに、苦情の電話が入ったのだといいます。

その内容は、一週間くらい前から隣の空室から足音が聞こえる……。ときどき、それも十分かそこらの足音らしいのですが、昼夜関係なく毎日のように聞こえるので誰かが勝手に出入りしているのではないか？　とはいえ泥棒が入るにしても空室で盗むものは何もないので、ホームレスか誰かが勝手に出入りを繰り返しているのかもしれません。なので一応念のために立ち会ってもらえないか、と言うのです。

昼の二時頃でした。管理人さんと一緒に交番から自転車でアパートに行くと、その前には隣室の住人らしき女性が待っていました。

自転車から降りるなりその女性から、遅かったじゃないですか、誰かがさっき部屋に入ったみたいなんです。早く行ってみてください、と喰《く》いつかれてしまったのです。

えっ？　いまいるんですか？

あまりのタイミングのよさに私は少し驚きました。

しかし……大概の場合、忍び込むような人は見つからないように静かにしているはずですから、変だな……。

どうして中にいるとわかるのですか？　と訊《たず》ねると、ついいましがたドアの前を通ったときに、中から足音が聞こえましたから、と女性が答えました。

早速、管理人さんと問題の部屋の前に行ってみると、足音かどうかはわかりませんが、確かにギシギシという重みのある音が歩くような間隔で聞こえてきます。それも音の大きさや動きから、円を描くように歩き回っているようでした。

ねっ、聞こえるでしょ？　開けますよ、誰かいたらお願いしますね。

管理人さんが囁《ささや》きながら鍵《かぎ》を出すと、ゆっくりとドアを開けました。中を覗《のぞ》くと、ガランとした部屋の中から、鼻を突くにおいが流れ出てきたと同時に、首でぶら下がった人を見たんです。

後ろで管理人さんが、うわ、と声をあげてその場から逃げていきました。

中に入って確認すると、首を吊っていたのは背広を着た会社員風の男性でした。

酷いにおいはこの身体からというより、その下に溜まったタールのようなモノから漂っていました。

男は手前のダイニングキッチンと奥の居間とのあいだにある鴨居のフックに、白いナイロンテープをかけ、首に巻きつけて死んでいました。その足の下にスーツケースが倒れていましたから、これを踏み台に使ったのでしょう。

ナイロンテープで吊ったために、細く絞まりすぎた首がいまにも落ちそうな状態でした。遺体は腐敗がはじまっていましたので、死後何日か経っていたものと思います。

スーツケースの側には靴が揃えてあり、その上に遺書と書かれた封筒。やや離れたところに二、三枚の折り目のついた便箋《びんせん》が無造作に落ちていました。

もちろん私はすぐに、署に連絡を入れました。

しかし現場を確保しながら、なんとなく遺書が変だな……と思っていました。

亡くなった男の身元は、持ち物から免許証が出てきたので、確認作業も遺族への連絡も早く済ませることができたそうです。

それに、発見の五日ほど前に家族から捜索願が出されていたこともわかりました。

また、どうやってこの家の中に入ったのか？　という謎も、背広から、この部屋の合鍵が出てきたのですぐに解けました。

しかし、男がどうしてこの合鍵を持っていたのか？

管理人さんによると、鍵の持ち主だった前の住人は〝あさだなおこ〟という名の女性で、四年ほど住んでいたということでした。

部屋の鍵は引っ越しするときに管理人さんに返していたと言いますから、予備に作っていた合鍵だけは返さずに持っていて、この男に渡していたか、あるいは渡した男が秘《ひそ》かに、合鍵からさらに合鍵を作っていたのかもしれません。

昔は自殺など滅多にお目にかかるものではありませんでしたが、その当時は自殺者の数が急に増えはじめて私自身も年に二、三件は立ち会うようになっていました。ですから、特にこの自殺が問題のあるものとは思えませんでした。

葬儀が終わったころでしょうか、亡くなった男性の奥さんから、私宛に電話がありました。

それが実に奇妙な内容だったのです。

ひょっとして誰かが主人の遺書に何か書き足しませんでしたか？

奥さんからそう訊ねられました。

え？　書き足す？　遺書にですか？　何をです？

私は訊ねられている言葉の意味がわからなくて、答えるよりも質問を返してしまいました。

亡くなった方の遺書に書き足すようなことをする理由も、必要もありませんから……。

事情を聞いてみると、遺書の最後にご主人の字ではない女性が書いたような字で、文章が書き足されていたとのことでした。

そんな馬鹿な。遺書に別の人間が書き足すなんて普通は考えられない話です……。

〝遺書〟と〝考えられない〟という自分の言葉で思い出したことがありました。

遺書が封筒に入っていなかったことです。

確か遺書はきっちりと折り目がつけられていましたから、入れたものを読み返すためにもう一度出したとしても、なぜ元の封筒に戻さなかったのか？　なぜ無造作に落ちていたのか？　封筒が綺麗《きれい》に靴の上にあっただけに不思議に思ったことを思い出しました。

決して多い数ではありませんが、これまで私が見てきた遺書はすべて封筒の中に入っていましたし、そういうものなはずです。

どう考えても、最後の手紙はきちんと封筒に入れておくでしょう。

誰も書き足すことなどしているわけはありませんが、あの現場で変わったことといえば、遺書が封筒から出ていたことくらいです……。しかしなんと書いてあったのでしょうか？

もし差しつかえがなければ教えてください。

私にもわかりませんから、聞くしかありません。

すると奥さんは黙ってしまいました……。

そして……。

実は……〝いっしょにいきます。なおこ〟と書いてありました、と言うのです。

小さくつぶやくような声でした。

さらにその文字は、太い鉛筆か眉墨《まゆずみ》のようなもので書かれていると言いました。

なおこ？……なおこ⁉　確か元の住人だ……あの奥さん、なおこさんという女性にお心当たりはあるのでしょうか？

あの……ちょっと……。と奥さんは少し困った声を出したのです。

なんとなく察しがつきました。おそらく亡くなったご主人の浮気相手のような関係だったのでしょう。

一瞬、自殺に見せかけた事件かと思いました。

ところが奥さんは続けて、誰がこんな酷《ひど》い悪戯《いたずら》をしたのでしょうか……？　と言います。

悪戯？　なぜ、悪戯だと思うのですか？

すると奥さんは声を詰まらせながら、一ヶ月ほど前に〝なおこ〟という女性の実家から訃《ふ》報《ほう》の葉書が届いていたから……と言いました。

おそらく彼女のご家族の方は、ご主人との関係を知らなかったのでしょう。

とにかく〝なおこ〟という女性が一ヶ月前に亡くなっていたのなら書けるわけがありませんね……。

とりあえず調べてみて、また連絡します。そう言って私は電話を切りました。

管理人さんからきいて、なおこさんの実家の電話番号は控えてあったので、確認はすぐに取れました。

……確かに……亡くなっていました。

とはいえ、ほかの人が遺書の書き加えなどできるはずがありません。

私が現場に入ってからは誰も入れないように確保していました。しかし遺書の中身までは確認していませんでしたから、現場に入った同僚に訊ねてみました。すると、確かに遺書の便箋は封筒には入っていなかったが、別に本人の筆跡ではない文字や、女性の名前など書いてなかったと言います。

きっと何かの勘違いでしょ？　そうじゃなきゃお化けが悪戯して後で書き加えたんじゃないかな？　と言って同僚は笑いました。

そりゃその通りだと、私も愛想笑いをするしかありませんでした。

お化けと言えば確かそもそものきっかけは、不審な足音でした。

しかもその足音のようなフローリングのきしむ音は、確かに私も聞いたのです。

部屋には遺体以外に誰もいなかったので、すっかり忘れていましたが、足音がはじまった時期と男性が自殺した時期は重なるような気がしました……。

いずれにしても、あの歩き回る音の主は誰だったのでしょう。

結局、奥さんには何もわからなかったと連絡しました。

小さなことかもしれませんが、いまも忘れられません。

枝

今から四十年ほど前、私が小学校四年生のときの話です。

私の学校は石川県の田舎にありました。

山や川など遊ぶところはいくらでもありましたが、ことスポーツをする場所となると学校の校庭くらいでした。

変に思われるかもしれませんが、ただ広い場所というだけなら田んぼや畑など沢山ありましたが、広くて平らな地面は、学校を除けば公民館の前か神社の境内くらいだったのです。

そして、私が子供のころ、広い場所でスポーツをやるといえば野球しかありませんでした。

その年の夏休みの昼下がり、私はいつものように友達みんなと校庭に集まって、三角ベースをやって遊んでいました。

人数が少ないので九人の普通の野球ができなかったのです。

それだけに友達は貴重でした。

そのゲームの最中に友達の一人が突然帰る、と言いだしたのです。チームは勝っているし、その友達はランニングホームランを一本打っていて上機嫌でしたから、帰る理由がわかりません。

大体私たちは野球に限らず遊びはじめたら最後、夕方、陽の暮れるまでほとんど遊び倒します。途中で帰ることなど、ケンカをしたときくらいのものでした。

とにかくこれは一大事とばかりに、みんなが集まって口々に、お腹が痛いの？　何か用事があるの？　とちょっとした騒ぎになりました。

なぜなら、メンバーが減ること以上に帰られては困る理由があったのです。野球を続ける上で必要なバットはその友達の物だったからです。

しかもたった一本しかありません。

ですが、説得は無駄に終わりました。

どういうわけだかこの日に限ってその友達は、帰ると言ってきかなかったのです。

結局、じゃあまた明日、と言って友達はバットを持って帰っていきました。

だからといって私たちは遊びに困ることはありません。野球ができないというのならばと、ボールもグローブも放り出して何か別な遊びをはじめていたと思います。

長い夏の陽が山際に近づいていましたから、五時くらいだったと思います。

遠くからパトカーだか消防車だかのサイレンの音が聞こえてきました。

田舎の、それも子供にとっては、その音は大事件のサインです。

誰かが、おい、何かあったぞ！　見に行こう！　と言いました。

それで、皆、グローブやボールを手にして音のする方に向かって走り出したのです。

パトカーや消防車の姿は見えなくても、田舎のことですから方向さえわかれば、走っているうちになんとなく向かっている場所がわかります。

ですから私たちは走りながら、音が村の端にある小さな池に向かって動いていることがすぐにわかりました。

林の中の近道を通って池の近くまで出ると、小さな池の周りに人だかりができているのが見えました。

池の縁には駐在さんや村の消防団のおじさんたちが、手に手に竹ざおを持って池の中を引っ掻《か》き回しています。

私たちも池の側に行くと、さっき帰った友達のお母さんが靴を握り締めて、地面に頭を擦《こす》りつけて大声で泣いています。

その靴は、間違いなくさっきまで友達が履いていたものでした。

私たちはお互いの顔を見つめあいました。

私もそうですが、みんなもすぐに友達が池に落ちたらしいことがわかったのです。ただ眺めていても事情がよくわからないので、大人のあいだに入って、何があったのか聞いて回りました。

それによると、畑仕事を終えた人がこの池を通りかかったところ、そのほとりにバットと靴が揃えられていたので、泳ぐところではないと注意しようとしたそうです。ところが子供の姿が見えなかったので、慌てて駐在さんに通報したということでした。

靴には名前が書いてありました。

狭い村のことですからそれだけでどこの家の子供かはすぐにわかります。それでお母さんがすぐに駆けつけることができたのでしょう。

私も皆も、ただひたすら無事を祈って頑張れぇ、と張り裂けんばかりに大声を出したことをよく覚えています。

いま考えれば、頑張れというのは変ですが、いなくなった友達にも探している大人たちにも共通する言葉がそれだったのだと思います。

池を取り囲む人たち全員が見つめる中、すぐ近くで、いたぞ、という大きな声があがりました。

なんと、それは岸辺にいる私の目の前でした。

意外なほど岸から近い深みに、友達は沈んでいたのです。

あっ!!

消防団の人が二人がかりで水中から抱き上げた友達の姿に、息を呑《の》みました。

なんと、水中から持ち上げられた友達の口からは、真っ黒で大きな木が伸びていたのです。

なんだありゃ?

大人たちのどよめきがあちこちから聞こえました。

いっぱいに広がった口から伸びた木は二メートル近くもあり、あちこちへと黒くて細い枝を伸ばしていました。

このままでは人工呼吸もできないと消防団の人が、四人がかりで木を引き抜こうと友達の両肩を持ったり、足を持ち上げたりしていましたが、それでも抜けないらしく、もう一人加わり口と木のあいだに指を入れて上下に開き、歯が引っかからないよう慎重に引き抜かれて、やっと初めて友達と木が離れました。

…………。

目の前にどさっと落とされた木の幹に、友達の歯が引っかかっていた跡が残っていました。

口の中から引き抜かれた長さは、友達の身長の半分近くはあったと思います。

あんなに、入っていたんだ……。

木が引き抜かれた後、心臓マッサージや人工呼吸を受けながら、友達の身体は救急車のサイレンとお母さんの大きな泣き声と一緒に遠ざかって行きました。

呆然《ぼうぜん》と見つめていた大人たちや私たちがその次に見たのは、その場に残された大きな木でした。

どうやったらこんな木があんな小さな口の奥に入るんだ？

口を思いっきり開けて池に飛び込んだところで、あそこまで身体の中には入らないだろう？

これは本当に事故なのか？

大人たちの声が耳に入りました。

私は〝飛び込む〟という言葉ではっとしたのです。

死んだ友達は泳げませんでした。

水が苦手で怖がっていたので、川遊びですら一緒だったことがなかったのです……。

それにしても野球を途中でやめてまで、どうして、なんのためにわざわざ村の端にある池に行ったのか、いまでもよくわかりません。

記憶

私はずっとラジオ畑で飯を食ってきました。

二十年くらい前の話ですが、東京のラジオ局で深夜番組のディレクターを務めていた時の話です。

そのとき担当していたのは、当時人気絶頂のアイドルがパーソナリティーを務める生放送番組でした。

この番組の夏に向けた企画会議で、私の提案した二週にわたる怪談特集が決定して、一週間前の放送でリスナーに、葉書やファックスであなたの怪談体験をどんどんお寄せください、とアイドルに告知をしてもらいました。

夏というタイミングと、人気アイドルからのお願いのお陰で、放送後すぐにファックスや葉書がどんどん番組宛に寄せられてきたのですが、それが大変な反応で、いつもの放送と比べて倍以上の量が届いたと記憶しています。

その甲斐《かい》あって、一週目の怪談特集は大いに盛り上がりました。

アイドル自身が怖いものが苦手だったこともあり、ファックスや葉書を読みながら素直に怖がってくれたことが幸いして、思った以上に効果があったと思います。

電話での体験談も募集していましたが、アイドルと番組中に話せる枠は確か二人くらいなのに、その枠を目指して局の電話は鳴り止みませんでした。


その一週目の生放送の最中に調整室の電話が鳴りました。

マイクを相手に話しているアイドルとは分厚い壁と二重のガラスで仕切られていますから、音がブース内にもれることはもちろんありませんが、それでも生放送中にコール音が聞こえるというのはあまりありがたいことではありません。

慌ててテーブルの上にある電話を取ろうとすると、ランプが光っていないのです。

あれ？　と思ったら、どうやら鳴っているのは調整室の壁に取りつけられている旧式の内線電話の方でした。

調整室内のスタッフが思わず顔を見合わせました。

この電話が鳴るのはそれほど珍しかったのです。

私もこの局では比較的長く勤めてきたつもりですが、この旧式の内線電話が鳴るのを聞いたのは初めてでした。

正直言って、飾りの電話みたいなものにしか思っていなかったのです。

内線ですから、当然外から直接かかってきたものではありません。

しかし、一体局内のどこからかかってきたものかと受話器を取ると、なんと守衛室からでした。守衛室のガードマンが生放送中の調整室に電話をかけてくるなんて、前代未聞の珍事です。

どうかしたんですか？

恐らく話しているガードマンもこんなことは初めてだったからでしょう、大変恐縮していて上手《うま》く説明ができないようで、まったく要領を得ません。

あの、つまり、どういうことなんですか？　と訊《たず》ねると、二度目の説明のためか、ようやく言いたいことがわかりました。

放送を聴いていたリスナーのひとりが、とても大切な話があるので是非ともディレクターに聞いて欲しいと言っていまここにいる、というものでした。

私は正直、困るなぁ、としか思いませんでしたから、申し訳ありませんが、そちらで丁重にお帰りいただくように計らってください、とお願いしました。

ところがガードマンの方も、それはさっきからやっているんですが……と、ほとほと困り果てた声でした。

何度言っても、ディレクターさんに話を聞いてもらえさえすればいいんです、お願いします、の一点張りで帰らないので、そちらから話していただけませんか？　と訴えます。

仕方なく私はその守衛室に来た人物に、電話を代わってもらうように言いました。

まぁ、どうせ相手は熱狂的なアイドルファンに決まってるわけだから、一方的に断るだけなら簡単なものです。

声の主がガードマンから若い感じの声に切り替わった瞬間、私は相手の話も聞かずに、本日放送の電話受付は終了していますから、局に来られては困ります。来週も同じ特集ですので、どうかご自宅からのお電話で参加をお願いします、と一気に話しました。

違うんです。

違うって何が？

僕が聞いて欲しいのは、アイドルと喋《しゃべ》りたいからでも、番組で自分の体験を採用して欲しいからでもないんです。僕の体験を聞いて欲しいんです、怖いんです。お願いします。

その言葉の真意はともかく、受話器から聞こえる声の印象は、何か追いつめられているような感じがしました。

とにかくただの熱狂的なファンという感じではなかったので、とりあえずいまは生放送中なので後でこちらから連絡をしますから、名前と電話番号を教えてください、と伝えて、私はメモを取りました。

電話の主は大学生でした。

私が相手をする気になったのは、彼のもらした〝怖いんです〟のひと言でした。

実のところ私は単に夏だから怪談特集を提案したわけではなく、怪談というか、怖い話そのものが子供のころから大好きだったからでした。ですから、人から奇妙な話や怖い話を聞いたり話したりすることに元々関心が強かったのです。

このときも彼の言う〝怖いんです〟という言葉に対して、一体どんな体験なんだろう？と興味を持った瞬間、好奇心が疼《うず》いてしまいました。

翌日、彼の教えてくれた連絡先に電話を入れてみると、彼は直接会って話をしたい、と希望しました。

電話で簡単に聞けるものと思っていたのですが、どうしても直接会って聞いて欲しいという言葉に、私はさらに強い興味を持ったので、二日後、局の喫茶店で話をしましょう、と時間を伝えて電話を切りました。

喫茶店で会ったその大学生は、真面目で大人しそうな人物でした。

とはいえ、アイドル番組を担当しているディレクターと会って話をしてみたい、などという人物を簡単に信用したり心を許したりするつもりはありません。

私も伊達《だて》にラジオ番組のディレクターをやってきたわけではありませんから、なんだかんだ言って話を気に入ってもらって、上手くいったら、なんとかスタジオに入れてもらったり、あわよくばアイドルと直接会えるチャンスがもらえるかも……そんなことを狙ってやって来ているような輩《やから》である可能性が高いことくらいはわかっています。つまらない話につき合う気もありませんし、少し聞けば話の内容の面白さくらいはわかるつもりです。

ですから、話を十分ほど聞いてつまらなければ、この後会議や打ち合わせが詰まっている、とかなんとか言って、お引き取り願うつもりでした。

その大学生は、簡単な社交辞令と改めて自分の名前や大学生であることを告げると、いきなり話しはじめました。


十日くらい前の話です。

僕は同じ大学の友人の竹下《たけした》と村上《むらかみ》、三人一緒に、車で肝試しに行ったんです。

場所は、千葉にあるお化けが出るとかいうO池でした……。でも行ってはみたものの特に何か見えるわけでもなく、変な音が聞こえるわけでもなく、噂ほどのことは何もなかったので、夜の十時くらいには切り上げて帰ることにしました。

その帰り道のことなんですけど……。

もうすぐ都内に入るという辺りを走っていたときのことでした。

後部座席から突然、うわっ！　という竹下の絶叫が聞こえたので、隣の助手席にいた村上が、どうした？　と後ろを振り向いたのを僕は横目で見てました。

僕は車の運転がありましたから、絶叫が聞こえたときも隣の村上に任せておけばいい、くらいにしか思っていませんでした。

ところが村上が振り返った途端、うわっ！　うわっ！　停めてくれ！　と叫んだのと、後ろから、助けてくれ！　助けて！　助けて！　という竹下の絶叫が重なりました。僕は大慌てで路肩にハンドルを切りながら横目で村上を見ると、後部座席の方に体を突っ込んでいるんです。

事が停まったのと、嫌だ！　という竹下の絶叫が同時でした。

シートベルトを外して、後ろに身を乗り出すと……。

呆然《ぼうぜん》としました。

竹下の身体が消えて、背もたれと座席シートの間でバタバタと暴れ回る彼の二本の腕しかないのです。

その両腕を、助手席の村上が竹下の名前を叫びながらしっかり両手で握り締めている、信じられない光景でした。

おい、何見てんだ！　と村上の罵声《ばせい》で、我に返りました。

僕は目の前のバタバタと上下している竹下の両腕のうち、右腕を村上から摑《つか》みとり、二人で全身の力を込めて引っ張ったのです。

ところが一体どんな力が働いているのか、二人がかりで力一杯引っ張っているのに、引き出すどころか、むしろ後ろに引きずり込まれていくのです。

そして、後部シートの中に竹下の腕が肘《ひじ》近くまで沈み込んだときに、僕も村上も握力の限界が来て、手を離してしまったのです。

僕らの手が離れた瞬間、まるで勢いがついたかのように、竹下の手がシートの中に消えました。

………。

目の前で、消えてなくなったんです……。

あっという間に車内は二人だけになりました。

僕の手にはさっきまで握っていた感触と、汗とあぶらが残っていました。

いま、何があったんだ？　そう言って隣を見ると、村上も、どうなったんだ？　どこに行ったんだ？　といった顔で僕の方を見ています。

どれだけのあいだ、二人で呆然としていたかよく覚えていませんが、どちらからともなくお互いに車の外に出ると、後ろのドアを開け、後部シートを調べました。

シートを調べるといっても、ただただ両手でシートを撫《な》ぜるように触ることしかできません。

後部シートと座席とのあいだを広げてみようとしましたが、広げようにも指のつけ根くらいまでしか入る余地がありません。

結局何ひとつ変わったことも、おかしなこともありませんでした。

村上が自信なげに、あいつ、確かにここにいたよな？　と言いましたが、僕は、あぁ、と気の抜けた返事しかできません。

何がどうなっているのかわかりませんから、どう答えればよいのかもわからなかったのです。

二人ともずっと気が動転しっぱなしでした。

そうだ、ひょっとして後ろのトランクの中にいるのかもしれない、そう思って二人でトランクの中を覗《のぞ》いてみましたが……。

……いません。

ひょっとしてシートもトランクもすり抜けて、道路に倒れているのかもしれない。今度は二人で道路を歩きながら丹念に見てまわりましたが……。

……やはり、見つかりませんでした。

よく考えたら、さっきからずっと車が何事もなく何台も通り過ぎていました。もし道路に人が倒れていたのなら騒ぎになっているはずです。

僕ら二人以外の世界は全部正常に動いているという感じがしました。

二人で仕方なく元の座席に戻りました。

どうする？

どうしよう……。

どうしようって……。どうしよう？

しばらくはこんな会話でした。


とりあえず竹下の家に行って、ご両親には話さないとまずいんじゃないか？

僕は村上に提案しました。

おそらく警察に捜索願を出すのなら、僕らじゃなくて竹下のご両親が届けを出すものだと思ったからでした。

もちろん村上も賛成してくれました。しかし僕は竹下が自宅から大学に通っていたことは知っていましたが、肝心のその自宅がどこにあるのかを知りません。

肝試しは大学の駐車場から僕が二人を乗せて出発したのです。

どうしたものかと困っていると、村上があいつの家を知らないんだろ？　俺、あいつの家に二、三回遊びに行ったことがあるし、それに、おばさんとも話したことがあるからよく知ってる。俺が案内するから……と言ってくれました。

それで僕は彼の案内通りに車を走らせたんです。

四十分ほどで竹下の自宅前に着きました。

着いてはみたものの、車から降りる勇気が出ません。

もちろん、竹下が目の前で消えていなくなったということ、これが大変なことなのはわかっているのですが……。そのあまりに常識外れな内容を、ご家族にどう伝えていいのかがわからなかったのです。

上手《うま》く伝えられても、恐らくたちの悪い悪戯《いたずら》だと思うでしょう。

かといって、何もしないわけにもいきません。

同じ考えが何度もグルグルまわりました。

車の中の時計を見ると、すでに午前一時をまわっていました。

もう昨日のことなんだ……。そう思うと、これ以上引き延ばせないと腹が決まりました。

隣の村上を見つめると、彼もわかったという視線を返しました。


車から出て、竹下と書かれた表札を確認しました。

よし、と決断して僕がインターホンのボタンを押しました。

ピンポーン……、ピンポーン……。

返事ひとつありません。

寝ていて当然の時間です。

ピンポン、ピンポン、ピンポン。

ザッという音の後に、インターホンから、不機嫌そうなおばさんの声が聞こえました。

どちらですか？　こんな時間に……。

あの……、夜分にお休みのところすみません、僕らあの、竹下君の大学の友人なんですけど、ちょっとお話ししたいことがありまして来ました、と村上がインターホンに向かってたどたどしく話しかけました。

……はぁっ？　なんですって？　大学のお友達？　うちに？　そう言い終わるとしばらくして玄関に明かりが灯《とも》りました。

玄関の鍵《かぎ》を開ける音が聞こえ、ドアチェーンの長さ分の扉が開くと、そのあいだからおばさんの怪訝《けげん》そうな顔が覗いて、僕たちをしばらく観察しているようでした。

……ちょっとあんたたち、見たところ学生さん？　いま何時だと思ってるの？　あまりたちの悪い悪戯をするなら警察に通報するわよ。

おい、お前竹下のお母さんのこと知ってるんだろ？　と言って、村上を肘で突っつきました。

彼は、わかってるという顔をして、あの、僕です。大学でいっしょの村上です。竹下君に連れられて何度かこちらにお邪魔させていただいた村上です。

……実は……と話を切り出したときでした。

ちょっと待って！

さっきから大学とかなんとか、家を間違えてるんじゃないの？　表札よく見た？　そりゃ確かにうちは竹下だけど、どっか別の竹下さんと勘違いしてるんじゃないの？

お母さんから思いもよらぬ言葉を返されました。

なんだそりゃ、家を間違えたのか？　あんなに確認したのに、と村上を見ると、彼は愕《がく》然《ぜん》としています。

村上は尚《なお》も食い下がって、間違いじゃありません、覚えておられませんか？　先日もお邪魔したんですけど。

お母さんは、しげしげと村上の顔を見て、だから覚えているも何もあんたなんか知らないわよ。第一、うちに大学生どころか息子なんかいないの！　本当にこれ以上うるさくするならいますぐ警察を呼ぶわよ！　いい？

そう言ってドアが閉まり、鍵のかかる音がしたかと思うと、玄関の明かりが消えました。

…………。

おい!!　これはどういうことなんだ？　こんな時に家を間違えるなよ！

うるさいな！……そんなはずないんだよ。

うつむいた村上の顔は、真剣な表情に見えます。

…………。

俺は本当にこの家に遊びに来たんだ。この門柱も、この玄関の扉も見覚えがあるし、お母さんの顔だって知っていたし、家の中だってよく知ってるんだよ！　絶対に間違いじゃないって！

じゃあ、お母さんが嘘でもついてるのか？　そんな風には見えなかったけど？

僕の言葉に彼は返答ができませんでした。

しかしいつまでもこの家の前でじっとしていたら本当に警察に通報されかねないので、とりあえず車に乗って離れることにしました。

その場から離れてみたものの、頭の中はわからないことばかりです。これからどうしたらいいか、何をやればいいか、何も考えつきませんでした。

自分の車の後部から聞こえた竹下の〝嫌だ！〟という最後の声。

そこから生えていたバタバタと暴れる二本の腕。

その右腕をしっかり握り締めた自分の手の感触。

シートに吸い込まれたように消えた瞬間。

そんなことばかりをどんどんはっきりと思い出して、怖くなっていきます。

……後ろの席にはついさっきまで竹下がいたのに……。

……嫌だ！

一瞬、声が後ろから聞こえたような気がしました。

ドキッとして振り返ると、やはりそこに竹下はいません。

…………。

振り返った後に横を見ると、村上が血の気の引いた顔で、どうして振り返ったんだ？

と聞きました。

……いや、なんでもない……。

友達が一人消えたというのに……。それだけでもわけがわからなくて怖いのに、その自宅を訪ねたら、まるで息子なんかはじめからいなかったかのような言葉……。

自宅のお母さんの態度は、芝居やごまかしには見えませんでした。

しかしそれならば、隣に座っている村上が竹下の自宅に二度も三度も遊びに行ったという記憶と嚙《か》み合いません。

それに村上の記憶がまったくのでたらめなら、どうして竹下の自宅まで案内できたのでしょうか？

ここまで村上は確かに間違うことなく四十分ほどかけて家の前まで案内してくれたし、その家には間違いなく〝竹下〟の表札がかけられていたし、僕は初対面でしたが彼は明らかにお母さんの顔に憶《おぼ》えがありました。

………。すべてがどう考えていいのかよくわかりませんでした。


僕はその時までなんとなく、竹下の自宅に行って両親に相談すれば、たとえ僕たちの責任問題になったとしても、それでも何か前向きにことが進むと思い込んでいました。どんなに両親に責められたり、警察から聞かれたり怒られたりしても、やがては捜索や原因の調査がはじまる気がしていました。

それがお母さんから、息子のことを知らないどころか、はじめからいないとまで言われてしまったのです……。

グルグル同じようなことを考えているうちに、僕は人を飲み込むような車に乗っているんだ、と気がついて鳥肌が立ちました。


なぁ、どこに行くんだ?

村上の声ではっ、と気がつきました。

とっさのことに、お前を家まで送っていくよ、と答えました。

いや……それより今晩泊めてくれないか。

なんとなく救われる言葉を聞いたような気がしました。

僕は下宿に一人住まいだったからです。

帰る途中、二人ともひと言も喋《しゃべ》りませんでした。

多分二人とも同じことを何度も何度も、考えたり思い出したりしていたのだと思います。

下宿に着いてからも何も話したくありませんでした。

酷《ひど》く疲れていたからだと思います。部屋に入った途端に重い眠気がやってきて、どちらからということなく横になりました。

ふと村上が、明日大学で皆に相談してみよう、とつぶやきました。

その晩、僕も彼も泥のように眠ったお陰で朝早く目が覚めました。というより体も心もどこかで寝ている場合じゃない、と緊張していたのだと思います。

大学に行ってキャンパスに散らばっている同じ学科の仲間を集めてまわりました。

集まったみんなに昨日の事件を聞いてもらっていたら、五分と経たないうちにみんなの顔が曇ったのです。

おいおい、その竹下って誰だ？

……えっ？　村上と二人で顔を見合わせました。

何を言っているのかわからなかったのです。

一瞬、竹下のお母さんの顔が浮かびました。

…………。

いや、だから、竹下って誰だ？　お前らの友達か？　俺らと何か関係があるのか？

みんなの顔が間違いなく普段のままの状態で〝そんな奴は知らない〟と言っています。

僕も村上も何を話していいかわからなくなっているうちに、みんなそれぞれに散っていきました。

……そうだ、学生課に行ってみよう。名簿を見ればいいんだ。

僕ら三人は同じ学科なんだから、名簿を見ればはっきりするはずです。

学生課のカウンターで聞いた答えは、同じ学科の学生に竹下という人物は名簿にはないという答えでした。

……いない？　中退でもなく休学でもなく、もとから名簿に載っていなかったのです。

僕は軽くめまいのようなものを覚えました。

じゃあ、入学したときのオリエンテーションの思い出や教室でいっしょだった思い出は一体なんだろう？

　恐らく村上も同じ思いだったと思います。

　なんとなくその日は人とかかわりを持ちたくなくて……それは村上に対しても同じだったので、彼にも内緒で僕は一人、車で下宿に帰りました。

　でも夜になってから村上に対して罪悪感が出てきたので、とりあえず謝って、これから先どうしたらいいのかと電話で相談しようと思いました。

　電話に出た村上の声は、妙に明るく空々しいものでした。

　昼間、先に帰ったことを謝って、竹下の話に触れたときでした。

　誰だ？　竹下って？

　えっ……!?　何言ってるんだ、お前！　昨夜《ゆうべ》の話だろ？　三人で肝試しに行って……。

　三人？　俺とお前以外に誰かいたのか？

　竹下のお母さん、大学の友人たち、学生課の記録、それに当事者のはずの村上まで、竹下を知らないなんて……。もう何がなんだかわからない……。

　じゃあ、僕が知っている竹下って誰だ？　僕が覚えていることはすべて夢か何かか？

ひょっとして現実も記憶も消されていくんだろうか？

電話を切っていろいろと悩んでいるうちに、人の声が恋しくなってスイッチを入れたラジオから聴こえてきたのが、番組の怪談特集でした。

この番組をやっている人なら信じてもらえるかと思って、それにもし本当に記憶が消されようとしているのなら、この話を聞いてもらって僕の記憶を残しておきたいという思いで、失礼ながら局までお訪ねした次第です。

……正直、私は何も言えませんでした。

軽い気持ちから彼の話を聞きはじめて一時間近く、ただ呆然《ぼうぜん》として聞いたのです。

その内容から判断するに、番組での採用やアイドルとの電話を目的としていないことは明らかでした。

もちろん、嘘だとか作り話だとか、その場で言ってのけるのは簡単です。しかし、そんな目的のはっきりしない面倒な行為のために、信じてもらえないような話をでっち上げて、私に会いにくるとは思えません……。

それより、私の頭の中は、彼の話の内容を理解するためにショート寸前でした。

……で、私にどうして欲しいのかな？

彼はポケットからマジックで竹下君のフルネームが書かれた紙を出して、これが消えた友達の名前です。初めからいないことになっていて、こんなことが起きてもなんの問題にもなっていない、僕の友達です。ひょっとしたら僕だけが知っているつもりの、架空の友達かもしれません。でも、申し訳ありませんが竹下の名前と思い出があるうちに、別の人に僕の体験と彼の名前を覚えておいて欲しいんです。

そう言った後、しばらく黙って、私を睨《にら》みつけるようにして言いました。

僕も竹下みたいに消えてなくなるんじゃないかと思うと、怖いんです。

…………。

彼は私の前に竹下君の名前が書かれた紙を置くと、一礼して喫茶店から出て行きました。

いまも私の部屋のどこかに、竹下君のフルネームが書かれた紙と、ガードマンから電話をもらって初めて彼と会話を交わしたときに書いた、名前と電話番号のメモが一緒に残っています。

そして私はこの話を、二十年経ったいまも強烈な印象とともに覚えています。

この話を私に聞かせてくれた彼は、いまごろどうしているのでしょうか？

訊《たず》ね人

私が少年野球チームに所属していたときのことですから、小学校六年生のころです。

当時私は千葉県の団地に住んでいました。

ある日の夕方、テレビを観ているときでした。

ピンポーン、と玄関のチャイムが鳴ったのです。

ところが、母は台所で夕食の準備で手がはなせなかったので、仕方なく私が玄関に出ました。

ドアを開けてみると、女の人が何やら思い詰めたような顔で立っていました。

あれ？　なんとなく見覚えのある人だな、と思っていると、その女の人はニッコリ笑いながら私の名前を口にして、なんだ君の家だったんだ、と言うんです。

その笑顔で思い出しました。

近所の病院の看護師さんです。

名前は知りませんでしたが、確かにその人でした。

あの、もしかして看護師さん？　でしょ？　と聞くとその女の人は、嬉《うれ》しい覚えていてくれたの？　と答えてくれました。

その病院には、野球の練習で私や友達が怪我などをしたときに通っていましたから、何人かの看護師さんの顔はよく覚えていたのです。

いいえ、覚えていたつもりでしたが、まさか自宅に訪ねてくるとは思ってもみなかったことと、普段着の姿だったので、すぐには思い出せなかったのだと思います。

こんな時間にうちになんの用ですか？

看護師さんはいかにも申し訳なさそうな顔をして、——さんがこの団地に住んでいるのは知ってるんだけど、どの棟の何号室だかわかる？　ほかの家でも聞いたんだけどわからなくて……。

なんだ、それでうちに来たんだ……。

もちろん、その名前は知っていました。私が所属する少年野球チームのコーチだったからです。

僕もコーチがこの団地の人だとは知ってますが、部屋までは……。そうだお母さんなら知っていると思うから、聞いてみます。

私は台所にいる母を呼ぶと、何？　私にお客さん？　と言って玄関に来ました。

あら？　病院の看護師さんですよね？　いつもこの子達がお世話になっています。どうかしましたか？

看護師さんは丁寧に頭を下げると、さっきの話を母にしました。

あぁ、コーチね、あの人なら――にお住まいですよ。と棟と部屋番号を教えてあげました。

それを聞いた看護師さんは、ありがとうございます、と言ってまた深々と頭を下げると玄関ドアをゆっくりと閉めて帰られました。


驚いたのは翌日です。

テレビで朝のニュースを見ていると、殺人事件の被害者として、昨日の看護師さんの顔写真が出たのです。

私も父も母も知っている人の、それも被害者としての報道に酷《ひど》くショックを受けました。

ところがそのニュースの中で、遺体は死後二、三日ほど経っていると伝えられたのです。

えっ⁉

そんなはずない！　私と母は思わず顔を見合わせました。

なんだ？　どうしたんだ？

私たちの様子を見ていた父が訝《いぶか》しげに訊ねるので、昨晩の話をしましたが、それを聞いた父はそんなことがあるわけないだろう、と話の途中から馬鹿にして最後まで聞いてくれませんでした。

夕方にもなると、団地のお母さんたちの話は殺人事件のニュースで持ちきりでした。

そりゃそうなります。

看護師さんが訪ねてきたのは、うちだけじゃなかったからです。

報道が正しければ、死後二、三日ほど経っているはずなのに、昨日の夜に訪ねてきたわけですから、テレビの報道も警察の検死の結果も案外当てにならないものだとか、いやいや、いくらなんでも昨日あのすぐ後に亡くなった人をそんなに間違いはしないだろうという話になりました。

当然といえば当然ですが、訪ねた家は子供がその看護師さんのお世話になった家ばかりでした。でも、住所を教えることができたのは野球チームに所属している私の家だけだったというのもわかりました。

そしてお母さんたちは、亡くなった看護師さんがどうしてコーチの住所を知りたがっていたのか？ もしかして犯人なの？ という話題で盛り上がっていたのです。

さらに驚いたのは、この日の夜のニュースでした。

それはあのコーチが自首して、警察に逮捕されたというものだったからです。

翌朝、お母さんたちの間では、殺された看護師さんが犯人のコーチの住所を訪ねて行ったから自首したのかしら？　と噂になっていました。

いずれにしても、報道の通りなら私はすでにお亡くなりになっていた看護師さんと目の前で話をしたことになります。

……でも、未《いま》だにあの人がこの世の人ではなかったという印象はまったくありません。

タバコの火

僕が小学校四年生の夏休みのことでした。

その日、夕飯の後、縁側に座っておじいちゃんが切ってくれたスイカを食べていました。

僕は種を口からプッ、プッ、と庭にまきながら食べるのが大好きなので、スイカを食べるときは必ず縁側に座るのが定番でした。

おじいちゃんはそのことをよく知っているので、僕が縁側に座ると、スイカと包丁を持ってきて、すぐ横で切ってくれたのです。

とてもよく晴れた夜で、空には大きな天の川が見えていました。

いつものように種を飛ばしながら食べていると、ずっと向こうに見える山際のあたりにポッとオレンジ色の火が灯《とも》ったのが見えました。

ちょうどタバコの火が目の前に見えたような感じでしょうか……。

ずっと消えないし、動きもしないので、あれはなんだろう、と首を捻《ひね》りました。

それは、ただ火が珍しかったというより、不思議に思ったからでした。

うちの庭から火が見えている山際のあたりまではただの荒地で、家もなくお墓しかありません。それに、お墓に一番近いというだけで、僕の家から山際まではかなり距離がありました。

もちろん真夜中というわけではありませんから人がいてもおかしくはありません。とはいえ、この村では夜どころか夕方ですらお墓に行く人など誰もいないのです……。

その誰もいない、何もない山際のあたりに火が灯っているのです。

本当に不思議だなぁ、何だろう？　とスイカを食べるのも忘れてその火を見ていると、なんとなく、はじめに見たときよりも少し空に昇っていることに気がつきました。

あれ？　さっきはもうちょっと下にあったのに……。

さらによく見ていると、ゆっくりと大きくなっているような感じがします。

いや、輪郭がはっきりと見えるようになっていたんです。

それを見ているうちに、なんとなく不思議な気持ちから何か面白いもののように思えてきて、こっちにきてもっと大きくならないかなぁ、そしたらもっとよく見えるのに……そんな風にぼんやり願っていました。

すると、まるで僕の気持ちが伝わったかのように、その火はどんどん大きく丸くなっていくんです。

わぁ、大きくなった！

ますます面白くなってその丸い火を見ていたのですが、ふっと視線を下ろすと火の照り返しで周りの草木が薄ぼんやりと、動いているんです。

うっ、うわっ！

そのとき初めて火が大きくなっているだけではなくて、こちらに向かって飛んできているのに気がつきました。

こっちに来る！　どうしよう!!

でも怖さで体が動きません。

そのあいだにも火はあたりを赤く照らしながら近づいてきます。

わっ、わっ、わっ、わっ、わっ……。

目の前……庭の近くまで来たときには、見上げるほどになっていて、家と同じくらいの大きさでした。

おっ、おじいちゃん!!

お腹に力を入れてやっと、声をあげることができました。

こらっ!!　そこの包丁を火にかざさんかい！

おじいちゃんの大声でした。

咄嗟《とっさ》に手がスイカの横にあった包丁を握り、えい!!　とその火に向かって、突き刺すようにかざしたのです。

一瞬のことでよく覚えていませんが、かざしたときに目をつぶって下を向いていたらしく、ゆっくり目をあけると、自分の足が見えました。

顔を上げてみると、どこにも火の玉はありません。

…………。

かざした包丁を握る僕の手に、大きな手が重なったかと思うと、ゆっくりと包丁を取り上げました。

振り返ると、後ろにおじいちゃんが立っていました。

ようやった。あれに入られたら、家のもんは皆死んどった……。

おじいちゃん……。あれ何？　訊《たず》ねてみても、わからん、としか答えてくれません。

納得のいかなかった僕は、何度もおじいちゃんに訊ねていると……。

……うちの先に小さい空き地があるじゃろ？

うん……。

おじいちゃんが子供のころな、あの大きい火の玉が家に飛び込んだのを見た……。その後すぐにな、その家のもんがいっぺんに皆、死におった……。あの空き地はその家の跡じゃ。

そう言っておじいちゃんは、台所に包丁を片付けに行きました。

引っ越し

私はお洒落《しゃれ》なブロック塀を建てたり、ガーデニングや駐車場の整備など、いわゆるエクステリア関係の仕事をしていますが、最近変わった体験をしましてね。

このときは新築された家の周りに塀を建てるという仕事でした。

施主さんはこの周辺に広い土地をもった地主さんで、古くて立派な屋敷にお住まいでね、とはいえ特に不自由というわけではなかったみたいです。息子さんが結婚するというので、この古い母屋の道路を挟んだ真向かいの土地に、息子夫婦のために新しい二世帯住宅を建てたいということでした。

まぁ、若い息子夫婦に気を遣ったんでしょう。いまどきの新婚さんには大きくて立派とはいえ古い家は、なんかこう、馴染《なじ》みにくい雰囲気で可哀想だから、この際思い切って新しい家を建てて、息子夫婦が落ち着いたら自分たちもそちらに移って古い母屋の方を解体するつもりだとうかがいました。

信心深い家なんでしょうね。私が下見に行ったとき、新しい家の土地に新しいお稲荷《いなり》さんの祠《ほこら》まで建てておられて、こんなものまで新築するんだなぁ、と妙な感心をしました。

中を覗《のぞ》くと古い祠からすべて移されていましたから、すでにお祀《まつ》りされていたと思います。外は新品、中は骨董《こっとう》。古新しいって言うんですか？　ですからなんだかまだ馴染んでいないなと思いましたね。

私たちの仕事は験《げん》をかつぎますから、前のお稲荷さんにもご挨拶《あいさつ》しようと、母屋に行ってみました。きっと昔からきちんとお祀りしていたんでしょうね、ちゃんと手入れをされていて、老朽化しているとはいえ祠はしっかりとしていました。いずれは施主さんも新築側に引っ越しされますから、一足先にお稲荷さんにはお引っ越しいただいて、いまは空き家といった様子でした。


工事がはじまったある朝、いつものように現場に着くと先に来ているはずの現場監督がいません。

母屋を訪ねて施主さんの奥さんに訊ねると、まだ来ていないみたいですから現場の方でお待ちになっていてください、もしこちらに監督さんが来られたらお声をかけます、と言われたので、新築の家の庭で監督が来るのを待つことにしました。

私たちは監督が来なければ勝手に仕事をはじめられないのです。

仕方がないのでぼんやり煙草を吸いながら、なんとなく庭の端の方を見ると、新しいお稲荷さんの近くで施主さんがしゃがんで草むしりをされていました。

ありゃ？

驚いたことにその施主さんの側に、いつの間にか監督が立っていて、草むしりを眺めているんです。

私は、なんだ、もう来ていたのか、と思って作業の準備に取り掛かりました。

ところが、準備が終わっても監督が来ません。

一体何をやっているんだろう、と祠の方に戻ると、まだ施主さんの側に立っていました。

こりゃ施主さんと何か難しい話でもしているんだろう。

邪魔するのも気が引けましたので、現場に戻って、また煙草に火をつけるとぼんやり十分ほど待っていました。

いくらなんでも待たせすぎだ。どうせなら作業の段取りを終えてからにしてくれよ、と私は携帯で監督に電話をかけたんです。

あの、まだでしょうか？　と言い終わる前に、悪い、すぐだから、と切られました。

ところが五分過ぎても来ないので、祠の方へ見に行くと、施主さんの横にまだ立っているんですよ、これが。

よく見ると監督も施主さんも口が動いていないので、どうやら話し合っているわけではなさそうでした。

少々頭にきた私はひとこと言わせてもらおうと思いましてね。

その気配を察したのでしょう。草むしりをしていた施主さんが私に気づいて、いやぁどうもどうも、お疲れ様です、今日もお仕事よろしくお願いします、と立ち上がって挨拶をされました。

ところが監督は施主さんが立ち上がったというのに、しゃがんでいた施主さんを眺めていたときのまま、うつむいた格好でじっと立っています。

一体この人はさっきから何をしているんだ？　と思ったときに、聞き覚えのある車の音が聞こえたので振り返ると、監督の車が母屋の方に入って行くのが見えました。

あれ？

前を見ると、監督はピクリとも動かずそのまま立っています。

あれ？

もう一度母屋の方を見ると、監督が車から慌てて出てきました。

えっ？　二人いる！

どちらの監督も顔はもちろん服や靴まで同じ。

どうして二人？　どちらが本物かと呆然《ぼうぜん》ですよ。

私の様子を不審に思ったのでしょう。施主さんが腰のタオルを取って汗を拭《ふ》きながら私の方にこられました。

それでもこちら側の監督はその場を動きません。

何がどうなっているんだ？　遠くの母屋で慌てている監督と、近くで立ちっぱなしの監督を交互に見ていたそのときです。

いつの間にか、というより一瞬のうちに、あの動かなかった監督が施主さんの背中にぴったりと覆い被《かぶ》さっているんですよ。

ぎょっとしましたよ、もう。

施主さんは重さを感じないのか、監督を背中におんぶしたままニコニコ笑いながら近づいてくるんですからね。

……うわぁ。

監督の手は両肩からダラリと下がり、肩に顎《あご》を乗せて、ピタリと頬をくっつけていてその表情はまるで能面のように固まっていて、目がドンヨリとしています。

監督をおんぶした施主さんが私の方に近づいて来るので、こりゃどうしようと母屋を見ると、むこうの監督が私を見つけてこちらにやってきます。

そうだ！

とっさに私は施主さんに、後ろに誰かいますよ、と声をかけたんです。

施主さんは、頬をくっつけている監督の顔と一緒に後ろを振り返ると、嫌だなぁ、誰もいませんよ、と答えます。

見えないんだ！

それならばと私は施主さんに向かって、監督の名を呼びました。

その瞬間ですよ！

監督の顔が真っ白な狐に変わって、ぱっと消えたんです。

!!

目の前にいるのは、立ち止まった施主さんだけになりましてね、思わずほっとしましたよ。

ちょうどそこに、母屋から監督がやってきて、申し訳ありません遅くなりました、と何事もなかったように施主さんに挨拶をはじめました。

その後ようやく監督の指示で、私は作業をはじめられたんです……。

……とはいっても作業をしながらずっと、目の前で消えた狐の姿が頭の中から離れません。

その白い狐は動物の狐という感じではなくて、お稲荷さんの祠でよく見る陶器の狐とまったく同じで、ツルツルした感じでした。違うのは大きさでした。なにせ人間ほどの大きさがありましたからね。

施主さんが気味悪がるのではないかとお話しするかどうか迷いましたが、新しい家に何か障りがあってはいけないと思い、作業の合間に意を決して一部始終をお話ししました。話を聞いているうちに施主さんの顔から、みるみる血の気が引いていくので、こちらの方が怖くなりましたよ。

やがて私が話し終わるころには、施主さんはうつむいていましてね。

あの、新築の家に新しい祠《ほこら》を建てて、古い祠からすぐにご神体やほかの物は全部移したんですけどね。人の引っ越しと同じで、ただ中の物を移しただけでは駄目だったんですね……。また母屋の祠に全部戻して、きちんと拝んで、お稲荷《いなり》様そのものも一緒に移っていただくようお願いしなければ……。とつぶやくように話されました。

にわかには意味がわかりませんでしたが、どうやら家を建てて家財道具は移したけれど、肝心の住人は置いてけぼりにしてきたということでしょうか？

はじめてのおつかい

私は小学校五年生の秋に、初めておつかいを頼まれました。

もちろん、それまでに近所やそう遠くないお店へのおつかいを頼まれることはあったのですが、このときは隣村のおばあちゃん家《ち》までのおつかいでした。

これまでおばあちゃん家に行くときには必ず、お母さんかお姉ちゃんが一緒でした。しかし、たまたまおばあちゃん家に行く約束をしていた日曜日の午後から、お母さんとお姉ちゃんの二人で学校の集まりに出なければならなくなって、それでお母さんに、もう大きくなったのだから一人でも大丈夫でしょ？　と言われたのです。

うちの家から隣村のおばあちゃん家までは、小さな山を一つ越えるだけの一本道です。子供の足でも四十分ほど歩けば着く程度の距離でした。

おばあちゃん家に行くことくらい大丈夫だよ、と言ったものの、正直いって不安でした。遠いというわけではありませんし、これまで同じ道を何度も通っているし、そもそもほとんど一本道なので迷うという心配もありませんでした。ただ、初めて一人で山道を行くということだけが不安の種だったのです。

お姉ちゃんは、私が初めて一人でおばあちゃん家に行ったのは三年生のときだったのよ、あなたはもう五年生なんだから大丈夫よね。そう言って励ましてくれたつもりなのかもしれませんが、私にはただのプレッシャーでしかありませんでした。


なんとなく緊張してあまり眠れないまま朝を迎えました。

目が覚めると、美味《おい》しそうなにおいがしてきます。

台所に行ってちゃぶ台を見ると、お重にお稲荷さんが詰まっていました。

わぁ……美味しそう……。

お母さんは蓋《ふた》をすると、落としても大丈夫なように新聞紙で包《くる》んで紐《ひも》で縛った後、風呂《ふろ》敷《しき》で包んで、これでよしっ……という顔。

お姉ちゃんから、起きた？　こっちにきて、ちょっと持ってみて、重いかな？　大丈夫？　と言われて風呂敷包みを持ってみましたが、大丈夫のような重さでしたが、これだけではよくわかりません。

というのも、風呂敷包みを持ったときに気がついたのですが、初めてなのは一人でというだけでなく、自分だけで荷物を持っていくのも初めてで、それもまた不安の種になりました。

いつもはお母さんかお姉ちゃんのどちらかに荷物を持ってもらっていて、私はこれまでずっと手ぶらで歩いていたのです。

いま思えば、手をつないでもらっていた私も、お荷物だったんだと思います。

軽く朝ごはんを食べて服を着替え、靴を履いて……と準備しているあいだ中、ずっとお母さんかお姉ちゃんのどちらかがそばについていてくれました。

私もなんとなく不安でしたが、お母さんやお姉ちゃんはもっと不安だったに違いないと思います。

さて出発です。

風呂敷包みを持って、おばあちゃん家まで初めての一人旅です。

庭先でお母さんとお姉ちゃんが手を振って見送ってくれました。

見送られると小さな私でも腹が決まり、後はおばあちゃん家に真っ直ぐ行くだけだと山に向かってよっこらよっこらと歩き出したんです。

ところが、いざ歩いてみると、やっぱり家の中で少しだけ持ったときの重さと、持ち続けたまま山道を行くのとでは随分感じが違って、右手で持ってみたり、左手に持ち替えてみたり、両手で抱えてみたりと工夫してなるべく疲れないようにしなければならず、でもこれがかえって気を紛わしてくれたように思います。

途中、どこまで進んだのかな、と振り返ると、家はまだそんなに小さくなっていなくて両手の疲れの割にはあまり進んでいなかったことに、ちょっとがっかりしました。

気をとり直して、よし行こうか、と思ったときです。

後ろの道の脇からお姉ちゃんが出てきました。家からこんなところまで見送りに来てくれたのです。

お姉ちゃん！　ありがと！

嬉《うれ》しくなって手を振ると、お姉ちゃんも笑って手を振り返してくれました。

なんとなく勇気百倍という気持ちになったせいか、重かった荷物も少し軽く感じ、また前を向いて足取りも軽く山道を進みました。

山道のほぼ真ん中当たりに、お地蔵様がありました。

いつもここでひと休みしていたので、私もそうしようと、お地蔵様の横に座ったときでした。

家の方を振り返ると、なんとそのむこうにお姉ちゃんが立ってニコニコ笑いながら手を振っているんです。

ずっと後ろからついてきてくれてたんだ。

私が半分のところにくるまでお姉ちゃんがいっしょだった、と思うと、これまでの不安や疲れが吹っ飛びました。なんといっても半分は来たのだし、これまでの登り道とは違ってここからはほとんど下りですから、ここまで掛かった時間よりもずっと早くおばあちゃん家に着けるはずです。

普段はケンカばかりしているお姉ちゃんですが、今日は感謝の気持ちでいっぱいになりました。

がんばろう！　と立ち上がってもう一度見てみると、お姉ちゃんはもういませんでした。きっと、半分まで頑張ったところを見届けたので、お家《うち》に帰ったのでしょう……。

少し長めに休んだので体力も回復したのか、道が下りになったからか、足取りも軽く、荷物の重さも登りのときほど辛《つら》くなくなり、むしろ軽く感じるくらいでした。

とうとう道の曲がり角の向こうからおばあちゃん家の屋根が見えてきました。

なんとなくもう目的を達成したような気分です。

ここからは一気におばあちゃん家に行く！　そう思ったとき、トントンと肩を叩《たた》かれました。

振り返るとお姉ちゃんがニコニコと笑って、すぐ後ろに立っていたのです。

おっ、お姉ちゃん⁉

もうビックリです。だって途中で帰ったものとばかり思っていましたから。

お姉ちゃん、ここまでついてきてくれたの？　どうして？　学校の方はいいの？　と言うと、突然お姉ちゃんは手を振りはじめたのです。

えっ⁉

目の前に私がいるのに、まるで遠くにいる私に向かってやるように、ゆっくりと大きく手を振っています。

お姉ちゃん？　私、ここよ？　何やってるの？　と訊《たず》ねても、返事をするどころか手をブンブンと速く振りはじめるんです。

急に怖くなって、私はそのまま走り出しました。

おばあちゃん家が近くに見えてくると、門柱前で私を待っているおばあちゃんが見えました。

よかった……。

安心した私は、大きな声でおばあちゃんと叫ぶと、おばあちゃんも手を振ってくれて、よく来たねぇという声が聞こえました。

おばあちゃん家の玄関に着いたときには、息が切れて、喉《のど》はカラカラ。

それを知ってか、おばあちゃんは冷たいお水を出してくれました。

お水を飲み干すと、私もようやく落ち着いて、おばあちゃんに、はい、これ、と言って風呂敷包みを渡しました。

おばあちゃんは、ご苦労さんだね、ありがとう、と受け取って、ちょっと動きを止めると、ニコニコ笑って台所に入って行きました。

これで、おつかいおしまい！

おばあちゃんに奥の仏間に通されると、テーブルの上に大好物のおはぎが置いてありました。

沢山お食べ、と言われたので、お腹がペコペコだった私は嬉しくなって一気に四つか五つも平らげたと思います。

お腹がいっぱいになると前の晩あまり眠れなかったせいもあって、少しウトウトしてきました。

はっ、と気がつくとお布団の中でした。

お母さんやお姉ちゃんと来たときには、こんなことは一度もありませんでしたから、初めてのおつかいに、とても緊張して疲れていたのだと思います。

さっきおはぎを食べたテーブルの上には、持ってきたときと同じうちの家の風呂敷包みがそのまま置いてありました。

おばあちゃんは、中におはぎを沢山入れておいたからね、みんなで食べてちょうだい、と言ってくれました。

玄関で靴を履いていると、おばあちゃんは、もしかして来るときに誰かに会わなかったかい？　と聞きました。

誰にも会ってないけど、お姉ちゃんがずっとついてきてくれた、でも最後はちょっと怖かったと言うと、おばあちゃんはまたニコニコ笑いながら、そうかい、そりゃ災難だったね、と言います。

私には、おばあちゃんの言っていることがよくわかりませんでした。

じゃあ帰るね、と立ち上がるとおばあちゃんは、あ、ちょっとお待ち、と言って割烹着《かっぽうぎ》のポケットから紙包みを出しました。

山道のどこかでお姉ちゃんかおばあちゃんに会うと思うから、その時これを見せてごらん、と紙包みを風呂敷《ふろしき》包みの隙間に入れたのです。

え？　お母さんじゃなくて、お姉ちゃんやおばあちゃんにまた会うの？

ちょっと不思議に思いましたが、私はおばあちゃんが送ってくれて、お姉ちゃんはお迎えに来てくれるものだと思いましたから、帰りの心配や不安がなくなりました。

そして私は元気よく出発したのです。

おばあちゃん家《ち》を出て途中何度か振り返りましたが、おばあちゃんは門柱先にずっと立っていてくれて、私が振り返る度に手を振って応《こた》えてくれました。

家が見えなくなったら本格的な山道です。

おはぎの詰まったお重を持って、よっこらよっこら歩いていると、おぉい、という声が後ろからしました。

振り返るとおばあちゃんが手を振りながらついてきてくれています。

あ、本当に送ってくれているんだ、と思って嬉しくなりました。

おばあちゃん！　ありがとう！

帰り道も半分近くまで来たみたいで、向こうにお地蔵さんが見えました。

やっと半分だ、ここから先は早いぞ、と思いながらお地蔵さんを目標に歩いていると、その先にお姉ちゃんが現れてニコニコ笑いながら手を振って待ってくれています。

私は嬉しくなって思わず後ろを振り返ると、やっぱりまだおばあちゃんが、ニコニコ笑いながら手を振りながらついてきてくれていました。

お姉ちゃんが迎えに来てくれてたよ、もう大丈夫！　おばあちゃんありがとう！　と叫んで手を振りました。

お地蔵さんの近くまできたのに、お姉ちゃんは手を振るのをやめません。

一瞬、来る時に目の前で手を振っていたお姉ちゃんの怖さを思い出しました。

……と、その時。

トントンと背中を叩かれたので、振り返るとおばあちゃんが真後ろに立っているんです。

しかもお姉ちゃんのときと同じように、私が目の前にいるのに手を振るのをやめません。

凄《すご》く怖くなってうつむくと風呂敷包みから小さな紙が見えました。

あ、そうだ！

私は隙間から、その小さな紙包みを出して開いてみました。

そこにはほぐした煙草が入っていたのです。

なにこれ？　とおばあちゃんを見ると、いつの間にかいなくなっています。前を見たらお姉ちゃんもいません。

あれ？　どこに行ったんだろう？

わけがわかりません。でも早く家におはぎを持って帰らなきゃ、と紙包みから出した煙草をあたりに撒《ま》いて、私はまた歩き出しました。

陽が山の向こうに落ちて暗くなりはじめたころ、家が見えました。

庭先にお母さんとお姉ちゃんが立っていて、手を振ってくれています。

近くまでくると、お姉ちゃんが走ってきて風呂敷包みを持つと、一緒に家へ帰りました。

玄関に入った途端、お姉ちゃんがニコニコしながら行くとき誰かに会わなかった？　と聞いてきます。

うん、お姉ちゃんに会ったよ。帰りはおばあちゃんもずっと送ってくれたの。

そうなんだ……じゃあ、おばあちゃん家でお稲荷《いなり》さん食べた？　と変わったことを聞きます。

え？　お稲荷さん……？

ううん、食べなかった。でもおはぎを食べたよ。と言ったときでした。

台所からお母さんの、あら？　ちゃんと入ってる。へぇ、と驚いたり感心したりする声が聞こえました。

変なお母さん。私、一生懸命持って帰ってきたのに……。

ちょうどそこに電話が鳴りました。

心配したおばあちゃんからの電話でした。

お母さんはクスクス笑いながら、おはぎありがとう。ちゃんと入ったまま届きました、と言っています。

何を当たり前のことを言っているんだろう？　と聞いていると、お母さんは続けて、せっかく作ったのに、お稲荷さん食べられなくて残念ね、と話しています。

えっ？　ちゃんと届けたのにどうして？

そこにお姉ちゃんが、ねぇねぇ、後をついてきた私はずっと手を振っていた？　と聞いてきます。

えっ？　そうだよ。自分でやったことなのに覚えてないの？

するとお姉ちゃんは、やっぱりという顔をして、私が三年生のときは、お母さんがずっと手を振ってついてきてくれたんだよ、と大笑いしました。

狛《こま》犬《いぬ》

僕が小学校四年生だったある朝の話です。

当時、僕たちは集団登校だったので、近くの神社の入り口に集合して、全員揃ってから学校に出発することになっていました。

その日の朝、みんなが揃うのを待っているあいだ、鬼ごっこをはじめたんです。

僕は鳥居の周りや狛犬の周りを鬼に捕まらないようにクルクル回りながら逃げ回っているうちに、名案が浮かびました。

狛犬の背中に乗ろうと思いついたのです。

この高さなら足に触ろうと鬼が来ても、狛犬の上で鬼と反対側に逃げるだけですみます。

もちろん狛犬に登るのは初めてじゃありませんから、簡単に登りました。

まるで馬にでも乗るつもりで狛犬の頭を摑《つか》んで鬼に向かって、こっちこっち、とはやし立てていたときでした。

いきなり両手に、まるでサボテンが当たったような痛みが走ったんです。

あ痛っ！

落ちるようにして狛犬から降りました。

両腕を見ると、内側の肘《ひじ》から手首にかけて、五、六センチもある長い針のようなものが刺さっていました。それはまるでビッシリと毛が生えたかのようでした。

どないしたんや？　と言って集まってきた友達も僕の両腕を見て、なんやこれ！　とビックリしています。

僕は思わず、ごっつい痛いからこれ取んの手伝ってくれ！　と叫びました。

引き抜いてみるとその毛は、針のようなのに、感触は少しザラついていて、まるで動物の毛みたいなんです。

それに毛の生えたような自分の腕からは、野良犬のようなにおいがプンとしました。

みんなが手伝って毛を抜いてくれたんですが、針が刺さっているというより本物の毛が生えたような感じで一度に沢山は抜けないし、抜くときは皮膚が引っ張られるように針にくっついてきました。

刺さっていても痛いのですが、引き抜かれるときはもっと痛かったから、僕は泣き出す寸前でした。

みんなは抜きながら、これ何が刺さっているんや？　どうやって刺したんや？　どこで刺さったんや？　お前何やったんや？　と口々に聞いてきましたが、僕は答えるどころか引き抜かれる度に、痛っ！　痛たっ！　としか言えませんでした。

　引き抜いているうちにいつの間にか全員が揃っていたので、仕方なくみんなに抜くのを手伝ってもらいながらの登校になったんです。


　学校に着くころには、両腕の毛は全部引き抜けましたが、その痕《あと》に小さな赤いボツボツがもの凄く沢山浮かび上がっていました。

　それが気持ち悪くて、もう見ているだけで鳥肌が立ちまくりです。

　教室に入ってきた先生が、僕の様子がおかしいことに気がついて、両腕を見た途端、顔色を変えながら僕を保健室に連れていきました。

　もちろんその途中で理由を聞かれたので今朝のことを説明したんですが、本当のことを言いなさい、と怒られる始末です。

　本当です、本当なんです、と何度も言っているうちに保健室に着き、担任の先生は保健の先生に、お願いします、と言うとすぐに教室へ戻っていきました。

　このころには、赤いボツボツはさらに大きくなっていて、腕全体が自分でも怖くなるくらいに腫《は》れ上がっていました。

　ただ、不思議なことに痛みはまったくないんです。

　保健の先生にも理由を聞かれたので説明すると、また本当のことを言いなさい、と怒られました。

本当です、本当なんです、と何度言ってもやはり信じてもらえません。

ここでは治療ができないということで、今度は保健の先生の自転車で病院へ連れていってもらいました。


病院の先生に事情を説明すると、本当はどうしたんだい？　と聞かれたので、流石《さすが》に少し頭にきて、嘘じゃないです、本当なんです！　と喰《く》ってかかりました。

ふーん、そりゃ狛犬さんに怒られたかな？　じゃあ今度その神社に行ったら、背中に乗った狛犬さんにちゃんとごめんなさいをしておきなさい、と言われました。

……そうか、僕は狛犬に怒られたんや。

でも病院の先生は、保健の先生に、漆か何かにかぶれたのでしょう、と僕に言ったこととは全然違う話をしていました。

何やそれっ！


治療が終わって薬をもらった後、保健の先生が僕の家まで連れて帰ってくれました。

その途中にあの神社の前を通ったので、自転車から降ろしてもらい狛犬のところまで走っていくと、両手を合わせてごめんなさいをしました。

そりゃ、病院の先生の話が、もっともだったからです。

驚いたことに自宅に帰ったら、両腕の腫れはほとんどひいていました。

翌日、僕は友達や下級生に、ここの狛犬さんは怒ったら怖いから、背中に乗ったり悪戯《いたずら》したらあかん！　怒って毛を刺すから！　と話すと、一年生の女の子に、狛犬さんてヤマアラシのことなん？　と聞かれて、一瞬そうかもと思いました。

白いシーツ

いまから十年前のことです。

その日、私は彼女と一緒に峠道をドライブしていました。

天気もよく、峠を渡る風がとても気持ちよかったのを覚えています。

彼女の方も久しぶりのドライブが嬉《うれ》しかったのでしょう、通り過ぎていく山々の景色をニコニコしながら眺めていました。

いくつかのカーブを抜けて、道は次第に下り坂になっていました。

休日の割に対向車とすれ違うこともなく、峠の下り道を楽しんで走っていたので、次第にスピードが増していたと思います。

そこへ突然、カーブの向こうから一枚の大きなシーツが目に飛び込んできたんです。

――と、気がついた途端、目の前のフロントガラスに貼りついて、視界が一瞬にして真っ白になりました。

いきなりのことでしたが、落ち着いて寸前まで見えていたカーブに合わせるようにハンドルを切りながら、ブレーキを踏んで車を止めました。

車が止まったと同時に、改めて驚きました。

窓が真っ白なんです。

前だけじゃなく横も後ろも、すべての窓にさっきのシーツがピッタリと貼りついたように、真っ白なんです。

たまたまシーツか何かが風に舞っていて、風圧で貼りついたのかと思っていましたが、停車してもそれはガラス全体にピッタリと貼りついたままでした。

それはもう、車ごと大きな白いシーツで風呂敷《ふろしき》包みにでもされたみたいなものです。

その上、このシーツのようなものは、本物と同じ布のような網目になっていて、その網目を通して和らげられた太陽の光が、車内を薄明るく照らしていました。

なんだこれは……？

どう考えてもシーツで包まれたとしか説明できない不思議な光景……。

もちろん驚いているのは私だけではありません。

助手席に座っていた彼女も横を見、前を見、後ろを見て、何これ？　どうしたの？　どうなってるの？　どうしたらいいの？　と繰り返しています。

一体どれくらい時間が経ったのかよく覚えていませんが、観察しているうちにようやく気持ちが落ち着いて、とりあえず窓を開けてみればいいんだと思いつきました。

それでパワーウインドウのスイッチに指をかけた瞬間でした。

バッと白いシーツが一瞬で真上から引き剝《は》がされたかのように消えたのです。

えっ⁉

貼りついたときよりも驚きました。

私も彼女も同時にドアを開けて外に出ましたが、どこに飛び去ったのか、すでに上にも後ろにもどこにも白いシーツは見えなくなっていました。

しかし……あんなに大きなシーツが、一瞬で見えなくなるほど速く遠くに飛び去っていくはずがありません。

どこにいったんだ……あれは？

あたりを見回しているうちに、彼女と目が合いました。

彼女の目も、あれはどこにいったの？　と訴えているのがわかります。

私は首を捻《ひね》ることしかできませんでした。

……風、吹いてないね。彼女がつぶやきました。

本当だ、風なんか吹いていない。

いきなり貼りついた大きな白いシーツも不思議なら、風もないのに飛び去ったように消えたのも不思議でした。

もしあれがシーツでもなく、風も関係ないのならば、一体なんだったのだろう？

いくら考えてもわからないので、とにかく車に乗って早くこの峠を下りることにしました。

しかし、またシーツが飛んできたら、今度こそ命取りになるかもしれないと思ったので、今度は速度を落として走ることにしたんです。

車を走らせて最初のカーブを曲がり切って、前方に風景が広がったときでした。目の前に玉突き事故が見えて、煙がもうもうと立ち上っているのです。

私は慌てて車を路肩に寄せると、彼女に携帯で警察に電話するように言いましたが、すでに通報していたのでしょう、遠くからサイレンの音が聞こえてきました。

少し安心したときにふと気がつきました。

ひょっとして、あの白いシーツが目の前をふさいでくれなかったら……。

ぎぃ

私は東京で働くために、郊外のマンションに部屋を借りました。

引っ越してきて家財道具を、それぞれ気に入った場所に配置して、服や本などを棚や簞《たん》笥《す》に片付け終わったころには、一週間ほど経っていました。

普通の生活ができるようになった辺りでようやく自分らしい快適な空間ができたような気になったのです。

ところがキッチンも居間も寝室も、なかなかなものだと満足できたのですが、一つだけ困った問題が残りました。

実は私は大の靴好きなんです。

服もバッグもそれなりに満足できるのですが、どうも靴だけは違うのです。

気に入るとついつい買ってしまうので、数が多くて収納に困ってしまいました。

ほかの物は収納の仕方や工夫でなんとか片付けることができたのですが、厄介なことにあまり履かない靴は箱から出せないのです。

おかげで多少の差こそあるものの、概《おおむ》ね同じようなサイズの箱が場所を取って仕方ありません。

それに箱に入れてばかりいると、どんな靴だったかがわかりませんから大きなシューズボックスが欲しくて仕方ありませんでした。

そのシューズボックスの、扉を開けたときに好きな靴がずらっと並んでいる光景も欲しかったのです。

私にとっては朝出かけるときの、その一瞬が出勤のための儀式でしたから……。

そこで、苦労して玄関にお気に入りの大きいシューズボックスを買って置いたところまではよかったのですが、その横に中途半端な隙間ができてしまいました。

隙間があるのなら、どうしてももう一つシューズボックスを置きたい……。

靴箱は減らせるし、並べられる靴の量も増えるわけですから、一石二鳥です。

問題解決にがんばるぞっ！　と決心すると、新しいシューズボックスを探す楽しみが生まれて、私の心は躍りました。

それからは仕事帰りや休日ともなると、隙間にピッタリと収まるシューズボックスを求めて家具屋やアンティークショップを次々に彷徨《さまよ》い歩きました。

ところがそう簡単には見つかってくれません。

気に入った物を見つけても隙間のサイズに合わないし、隙間のサイズにピッタリな物に限って気に入りません。

世の中ってこんなものなんでしょうね。

ある日、営業に出かけた帰り道のことでした。

一軒の古びたアンティークショップを見つけたので、念のためにと立ち寄ってみたんです。正直、全く期待していなかったのですが、なんと店の片隅に私の好みにピッタリで、しかもサイズも玄関の隙間にちょうどいい素敵なシューズボックスを発見したんです。

やったわ、これしかないっ！　神様ありがとう!!

そう思って店員を呼ぼうとした瞬間、その値札が目に入りました。

なっ、七万円……た、高いっ！　高すぎるっ！

私の給料から考えると、シューズボックスに七万円は痛い。そもそも七万円もあれば大奮発の靴が二足は買えます。

はあぁ、どうしよう……。と私はため息をつくしかありませんでした。

家に帰って玄関のドアを開けると、目に入ってくるのはシューズボックスの隙間。

ベッドに入って頭に浮かぶのは、あのシューズボックス。

朝、靴を選ぶ目の前にポッカリと空いている……隙間。

うーん、欲しい、どうしても欲しい。

いったん気になってしまうと、ほかに買いたいシューズボックスが見つかるわけがないと思い込んでしまって、あんなに熱心に店回りをしたのに、もうそんな気力はなくなっていました。

なんとかして買いたい。

せめてもの救いは、シューズボックスに七万円も出してまで欲しいと思っているのは、恐らく私くらいしかいないから、すぐに売れてしまうことはない……、という根拠のない自信に満ち溢《あふ》れていたことでした。

そんな毎日を三ヶ月ほど過ごしたある日、帰宅した玄関でいつものため息の儀式をしたときでした。

「天井裏を見てごらんよ」

……えっ――！

少年のような声でした。

えっ？　何？　誰の声？　と見回しましたが、自分以外に誰かいるわけはないし、泥棒ならわざわざ自分から声をかけてくるわけがありません。

きっと隣の部屋の人の声でも聞こえたのね、と気にしないことにしました。

ところが次の日も玄関に入ると、天井裏を見てごらんよ、という声。

昨日とは帰った時間も違うし、どういうことかしら？

声はその次の日も、そのまた次の日も……、帰宅時に必ず聞こえたのです。

誰かは知らないけれど、残念ながらアドバイス通り天井裏を見ようにも、住んでいるマンションには、天井裏なんてどこにもありません。

もちろん声の主も理由もわからず、おかしい、奇妙だと思いましたよ、でも慣れというのは恐ろしいもので、こう毎日続いたら気にならなくなっていったのです。

ある日曜日の朝、台所で換気扇の掃除をしようと思ったときでした。

台所の天井に、アルミで四角く区切られた蓋《ふた》のような物があるのに気がつきました。

いままで天井裏といえばリビングや居間や、クローゼットの中を見上げてばかりいたのです。

台所の天井は最初から見ようとも思っていなかったので、盲点になっていました。

恐らくは配線か何かのための蓋だと思うのですが、天井裏といえば天井裏です。

私は早速椅子を持ち出して、フックに指をかけると、ゆっくりと天井の蓋を引き下ろしました。

蓋は両手を離しても落ちないように天井の金枠と繋《つな》がっていました。

下から上を覗《のぞ》くと真っ暗です。

さぁ困りました。頭の中には、〝見てごらんよ〟という毎日聞く少年の声が木霊《こだま》しますが、私にはどうしても覗いてみる勇気がありません。

そうだ、手なら大丈夫かしら？

そう思って四角く開いた枠の中に手を突っ込んでみました。

少し暖かい空気の中を探ってみると、埃《ほこり》の薄い絨毯《じゅうたん》の感触しかありません。

あきらめずに枠の周辺を探っているうちに、パサパサと音のする何かに触れました。

手に取ってゆっくり下ろしてみると、一通の茶封筒でした。

封がされていなかったので中を出してみると、なんと、お金が出てきました。

それも一万円札！

一枚、二枚、三枚……、数えてみると七枚！

七万円っ！

やったこれで買える！　いやいや、待て待て、落ち着け、落ち着け……。

恐らくこれは前の住人のへそくりか忘れ物に違いない。

でもこの埃まみれの茶封筒からするとかなり以前から置きっぱなしになっていたもので

す。

うーん、ここまで忘れ去られていた物ならば、もう時効が成立しているわよね……と私は勝手に決めました。

よしっ!!

私は化粧もそこそこに、さっさと着替えると、その七万円を持って件《くだん》のアンティークショップに行きました。

やはりというか当然のように、店内の片隅にお気に入りのシューズボックスが置いてありました。

早速購入して配送の手配も終え、家路に就きましたが、もう嬉《うれ》しくて仕方がありません。

ドアの鍵《かぎ》を開けた瞬間、そうだ、今日は私の方から先に声をかけてお礼を言おう、と心に決めて玄関に入りました。

ありがとう!

「よかったね」

……えーっ!

初めての別の言葉でした。

それも返答です。

そう考えるより先に、あなたは誰？　という言葉が出ていました。

「僕は〝ぎぃ〟って言うんだ」

えっ？　〝ぎぃ〟？　名前があるの？　ねぇ〝ぎぃ〟、あなたは誰？　どこの人？

ところがその後……というよりそれを最後に帰宅しても〝ぎぃ〟と名乗る声の主は何も話してくれなくなったのです。

習慣とは恐ろしいもので、たったひと言とはいえ毎日聞いていた声が聞こえなくなると、酷《ひど》く寂しくなりました。

普通の当たり前のマンション生活のはじまりです。

仲良くしていた同居人に出て行かれるというのはこんな気分なのね……。

それからは寂しさを紛らわせようと、ワインを飲むようになりました。

そんなある日。

「美味《おい》しそうだね、僕も欲しいな」

……えっ——!!

〝ぎぃ〟の声です。

玄関じゃないのに!?

私は嬉しくなって、〝ぎぃ〟なの？　いままでどこに居たの？　と訊《たず》ねてみましたが、〝ぎぃ〟は、また話さなくなりました。

でも私は声が聞けただけでとても嬉しくなったのです。

それで、小さなリキュールグラスにワインを注いで、居間にある本棚の上に置いておきました。

一番天井に近い高さだったからです。


朝、出勤の支度をしながらふと見ると、リキュールグラスに注いだワインが半分に減っていることに気がつきました。

またまた私は嬉しくなって、仕事の帰りに色々な酒を買い込んで、毎日お酒の種類を変えてリキュールグラスに注いでみました。

ワインよりもウィスキー、ウィスキーよりもブランデー。

でも日本酒と焼酎《しょうちゅう》にはほとんど手をつけませんでしたから好みに合わなかったんでしょうね。

結局、一晩でなくなったのはブランデーだけでした。


その日から毎日、グラスに一杯、ブランデーを注いでから寝るというのが私の習慣になったのです。

〝ぎぃ〟が私の旅行中にいなくなったら悲しいので、そのあいだは友達に泊まってもらって、私の代わりに注いでもらうようにして、また声の聞こえる日を待ちました。
それから半年ほど経ったころでしょうか？
いつものようにブランデーを注いでベッドに潜り込んだときでした。
「ありがとう」という声が聞こえたのです。

雛人形《ひなにんぎょう》

私の家には昔から代々伝わる雛人形があります。

とても古い物で、男雛と女雛、まぁお内裏様とお雛様一対の雛人形です。

友人がこの雛人形を見て、並びが関東と左右逆だから京雛だと教えてくれましたが、私にはよくわかりませんでした。

この人形がいつのころからあった物だかわかりませんが、私のお祖父《じい》さんのお祖父さんのころにはすでにあったと聞いています。

ただ古くから家にあるというだけではなくて、我が家とこの雛人形にはどういうわけだか変な二つの決まり事がありました。

それはこの雛人形は家に置いておく物で、決して家の外には出してはいけないというものです。

ですから我が家では昔から、娘が嫁いでも、この雛人形を嫁入り道具として持たせることはありませんでした。

まぁ……だからいまも我が家に残っているというわけです。

決まり事のもう一つは、旧暦の三月三日のひと月前から飾って、三月三日がきたらその日のうちに片付けるというものでした。

それもなぜか、家長たる男の仕事ということになっていました。

もっとも私に言わせれば、男が出そうが女が出そうが同じようなものだと思いますが、まあ決まり事ですから。

私には男兄弟しかいませんでしたから、子供のころは男しかいない家でお雛様を飾るなんて変な家だと随分友達に馬鹿にされて、恥ずかしい思いをしたんですよ。

それでいつのころからだったか、うちのお雛様は母ちゃんのために飾っているんだ、と言ってごまかしていました。

代々の決め事とは大変なものらしく、男なのに、亡くなった親父が凄《すご》く真剣な顔で押入れから出して、毎年お雛様を恭しく飾りつけていたのをよく覚えています。

私にも息子が二人いますが、大きくなって物心がついてくると、同様に首を捻《ひね》りながら、どうして女の子がいないのにお雛様なんか飾るの？　と聞くので、仕方なく昔の自分を思い出して、おばあちゃんやおかあさんのために飾っているんだよ、と言い聞かせました。

もっともあまり納得した顔はしていなかったですね。ははは。

この雛人形なんですが、私が結婚する前……確か親父が亡くなって三年くらい経ったころでしたからいまから十五、六年前でしょうか。一ヶ月前の三月に入っても押入れから人形を出すのを忘れてしまったことがありました。

えっ？　あぁ、旧暦の三月三日はいまの四月ですから、その一ヶ月前だから三月なんです。


親父が亡くなった後、二年くらいはちゃんとやっていましたが、正直言ってそのころの私は決まり事なんか、もうどうでもいいことになっていたと思います。その年は思い出しもしませんでしたから。

でね、その晩寝ていると、頭の先の押入れから、ゴトゴトゴトゴトと何かが動くような音がして、それで目が覚めましてね、はてネズミでも出たか？　と布団から手を出して畳をバンと叩《たた》いて脅かしてやったんです。

それでピタリと止んだので、やはりネズミの仕業かと思いました。

ところが次の晩も、また次の晩も聞こえてくるんです。

それに気のせいと決め込んでいましたが、毎晩毎晩音が大きくなっていました。

その晩はあんまり音が大きくなっていたので聞こえはじめたと同時に電気を点《つ》けて、押入れを開けてみることにしたんです。

ところがゴトゴトうるさい押入れの音が、襖《ふすま》に手をかけるとピタリと止まりました。止まったとはいえ気になりますから開けてみたんですが、音のするような物は何も見当たりません。

このまま待っていたらまた音がはじまるんじゃないか？　と開けっ放して襖の前に座り込んで中を眺めていましたが、音のする気配がありません。

本当にネズミだろうか？　と流石《さすが》に首を捻りました。

音がしないのなら、と襖を閉めて電気を消して布団にもぐり込んだのですが、一度起きてしまったせいでしょうか、なかなか寝つけません。

目でもつぶっていればそのうち眠くなるだろう、などと思ったときでした。

ミシ、という音とともに頭が少し沈み込んだのです。

その瞬間、頭のすぐ上の畳に誰か立ったというのがわかりました。

驚いて目を開けると、真上に見えたのは天井ではなく、私を見おろす大きなお雛様の顔でした。

いや、お雛様と同じ格好をした、真っ白い顔の女の人。

私と同じくらいの背丈の女が、私を見おろしているんですよ。

体中が凍りつきました。

動くどころか首を動かすことも、目をつぶることもできません。

そのとき、怖さでいっぱいなはずなのに、ふと〝出して欲しい〟という気持ちが頭に思い浮かんだのです。

出して欲しい?

そう口にしたときに目が覚めました。

目が覚めると部屋の中はすっかり明るくなっていました。

しかし変な気分でした。

目をつぶることができなくて、女の顔をずっと見つめていたはずだったのに、気がつくと朝でしたから、夢から覚めたという気持ちにもなれません。

はっと我にかえると真上に見える天井がいつもとは違っているんです。

起き上がると布団の頭先が、押入れの襖にピタリとくっついていて、さらに驚いたことに布団の足もとにはタンスがピタリとくっついているんです。

私の部屋は八畳ありますが、まるで半分の四畳の部屋で目が覚めたような感じです。

なんだこれは、と立ち上がってみると、押入れの正面の壁にあった家財道具がすべて、布団の足もとに横一列に集まっていました。

頭の上の襖と足もとのタンスなどに、布団がサンドイッチされているわけです。

部屋が狭くなったのではなく、部屋の物がすべて押入れの方に引き寄せられていたので、びっくりして部屋から出ようと思ったら、引き寄せられた家具が気持ち悪くて、片付けないことには、すぐに出る気になれませんでした。

片付けながらこの部屋から早く出たいと思ったときに、はっ、としました。

お雛様が押入れから出してもらいたがっている、と気がついたのです。

全身が凍りつきました。

もちろん家財道具をすべて元に戻すと、すぐさま布団を片付けて代わりに押入れの奥から雛人形を出しましたよ、怖いですから。

出しながらお雛様の顔をよく見ると、夜に見た顔そのものでした。

子供のころから知っているつもりでいましたが、この年になるまで顔をちゃんと見たことなんか一度もなかったことに気づきましたね。

たぶんいままでちゃんと見たことがなかったのは、男がお雛様なんて、という理由ではなくて、実は子供のころからこのお雛様が怖かったからのように思います。

いまですか？　もちろんありますよ。今年もしっかり飾らせていただきました。

飾らせていただきましたという言い方も変ですね。ははは。

電話

私のおかしな体験を聞いてください。

去年の夏、大学を卒業して以来音信のなかった友人から、暑中見舞が届いたところからはじまります。

葉書には住所と一緒に電話番号が印刷されていたので、懐かしくなった私は、あいつはいま何をやっているんだろう？　と、いてもたってもいられなくなったんです。

もしもし、久しぶりだな！　わかるか？　俺だよ、俺。暑中見舞ありがとう！　どうだ、元気か？

おぅ、なんだいきなり！　元気に決まってるだろ！

電話のむこうから、友人の懐かしい声が返ってきました。

卒業した後の話、最初の就職の失敗、借金の山、心機一転頑張った話など、互いにこれまで疎遠だった時間を埋めるかのように語り合ったのです。

向こうからは二人の子供が走り回り、奥さんと思《おぼ》しき女性の声で、あんたたちなにやってるの、早くお風呂《ふろ》に入りなさい、だとか、もう！　お父さんの電話の邪魔をしないのよ、と言っている声が騒がしく聞こえてきます。

そうか、こいつも嫁さんを貰《もら》って父親になったか……、としみじみ人生というものを考えさせられました。

しだいに子供たちと奥さんの声が大きくなってきて、とうとうあなた子供たちをなんとかしてちょうだい、という声までが聞こえてきたので、こりゃ早くこちらから切ってやらないとこいつも後が大変だ。

なんとか話を締めようとすると、友人もこちらの気持ちを察したようでした。

今度こっちに来ることがあったら俺ん家《ち》に寄れよ。

よし、わかった！　必ず行くから覚悟して待ってろよ。と名残惜しく受話器を置きました。

三ヶ月ほどして、たまたま友人の住んでいる地方に出張が決まったのです。

ご家族もいることだから、事前に日程を連絡しておかないと部屋の片付けなど大変だろうと思い、再び電話をかけました。

電話の友人の声は相変わらずで、おぉ、そうか！　やっと来るか、それじゃ美味《うま》い酒を買って待ってるよ。なんか学生時代のようだな、と言って笑いました。

やはり電話しておいてよかった。

その向こうで奥さんの、えぇっ？　お客さんがいらっしゃるの？　という声に続いて子供たちの、わーい、お客さんだお客さんだ、というはしゃいだ声が聞こえましたから。

私は電話を切るなり、こりゃ酒や肴《さかな》だけというわけにはいかんな……、奥さんと子供たちのお土産も買っていった方がきっとあいつも助かるだろう、と思いました。


出張先で仕事を終えた後、買い物をしていまから行くから、と電話を入れました。

タクシーの運転手に葉書を見せて住所のところまで連れてってもらうと、いかにも安アパートっぽい建物の前で降ろされたのです。

私は電話をしていた時の想像と違ったそのアパートを見ながら立ち尽くしてしまいました。

ここで一家四人暮らしは大変だろうな……。

自分の手にしたお土産が重たく感じました。

お世辞にも広い間取りがあるようには見えないアパートだったので、子供に買った大きなおもちゃの箱は、かえって悪いことをしたかなと思ったのです。

知らなかったとはいえ少し反省しながら階段を上って彼の部屋の呼び鈴を押しました。

よう、来たか！　久しぶり。

ドアが開いて出てきた、昔のまま少し老けた明るい顔……。

学生時代は細身で色白に思っていたのに、たくましくなったのか苦労でもしたのか、随分と日に焼けていました。

家族ができるということはこんな風になるものなのかな……。

あぁ、そうだ、そうだ！　子供に、ほれ、いま流行《はや》りのおもちゃを買ってきたぞ。

私は後ろ手に隠していたお土産を差し出すと、友人は電話で家族の話なんかしていなかっただけに、手回しのいいプレゼントにビックリした顔をしました。

なんだよ、これ？

なんだよって、おもちゃだよ。お前のところのお子様に。

誰のところのお子様？

誰ってお前……。

まぁいいから入れよ。

そう言って通された部屋の中は、テレビや、山のように積み上げられた本とビデオテープ。その空中には万国旗のように洗濯物がぶら下がっていたのです。

……あれ？

私は首を捻《ひね》って、奥さんと子供は？　と訊《たず》ねました。

ところが友人は背中を向けて酒を引っ張り出しながら、見りゃわかるだろ、そんなものいるわけない！　さあさあ、酒、酒、と言って、ちゃぶ台の前にどっかと胡坐《あぐら》をかくのです。

そんなバカな……。

しかし確かに、この部屋は一人暮らしとしか思えない……。

そうなると、電話から聞こえた奥さんらしき女性の声や子供たちの走り回っていた音はなんだったのだろう？

そもそも、その音の感じから、私は勝手に部屋はもっと広くて家族といっしょに暮らしていると思っていたのでした。

そうだ、このアパートの前に立ったときに何かおかしいと思ったのは、音から感じた広さと見た目の大きさが違っていたからだと気がついたのです。

友人の弁が正しいのなら、私の聞いたあの会話のような声は一体なんだったんだ？

私は酒の肴に、先日の電話の件を彼に話しました。

友人は私の話など気にすることなく、混線だよ、混線。と言って笑い飛ばすだけです。

混線？　と聞いてさらに首を捻りました。確か女性の声はこいつに語りかけてなかったか？

まぁ、考えても仕方がないので混線ということにして、久しぶりの酒を酌み交わしたのでした。

翌朝、出張の報告のために本社に帰らねばならなかったので、早めに彼の家を後にしました。


その夜、自宅に帰っていくら考えても、混線をしていたような気がしなかった私は、その確認も含めて、とりあえず彼に電話で帰宅の報告をすることにしました。

コール音が鳴ってすぐに繋《つな》がった一瞬。

「言わないで」

ガチャ。

…………。

あの奥さんの声だ！

その声の後ろからは、二人の子供の大きな泣き声が聞こえていました。

シャワー

いまから十年くらい前、私は関西方面のとあるビジネスホテルに就職しました。

職場となるホテルに初めて配属された日、私たち新入社員はホテルの支配人から様々な説明や訓示を受けましたが、その最後につけ加えることとして、妙な注意を受けたのです。

それは四階にある、とある部屋だけは全館満室になっても決してお客様をお泊めしないように、というものでした。

解散後、通常業務に就くためにそれぞれの配置に皆散っていきましたが、私は支配人の話に具体的な説明が一切なかったことを不思議に思いました。

ひょっとしたら先輩から事情を教えてもらえるかもしれないと思ったので、私は勤務を交代する合間に先輩に理由を訊ねてみました。

ところが不思議なことにどの先輩も、大したことじゃないとか、あるいは、経営側の事情なんだから気にするな、と言葉を濁して誰も語ってはくれません。

幸い、毎日勤務を続けている中で、満室で四階のその部屋にお客様を案内しなければならないようなこともなかったので、特に職務上問題を感じたことはありませんでした。

おかげで、たくさんの仕事を覚えることに専念できて、その部屋のことは忘れていました。

半年ほどしたある日のこと、四階のお客様からフロントにコールがあったとき、ふとあの部屋のことを思い出したのです。

それでその夜、勤務の合間の休憩時間に、日常会話を装って先輩に例の部屋の話を聞いてみたところ……。

あぁ、あの部屋か、あそこはお前、お化けが出るから……、と、さりげなく言われたのです。

お化け?……えっ!　お化けが出るんですかっ!

おおかたそんな理由ではないかと思ってはいましたが、実際に答えを耳にした私は、凄《すご》く驚きました。

私があまりにビックリしたからでしょうか、先輩は、しまったという顔をして、表情を曇らせたまま黙り込んでしまったのです。

気まずい空気に困った私は、別の話をしてその場をなんとか誤魔化しましたが、小さな好奇心だけが残りました。

実のところ問題の四階の部屋は、閉め切られたままの〝開かずの間〟のようになっているわけではありませんでした。

使われていなくても、ひと月に一度か二度くらいはちゃんと掃除に入ったりしていましたから、私はなんとなく深刻に受け止められず、ホテル側の大げさすぎるような注意とお化けは、どうしても結びつかなかったのです。

大体、お客様を宿泊させないのならばむしろ閉め切って本当に〝開かずの間〟にすればいいはずですから、きっと先輩が話していたお化けの話は冗談か何かで、ホテルマンをいつも緊張させて注意を怠らないようにするための仕掛けのようなものか何かと考えていました。

まぁ、よく考えたらそんな事のために一部屋を使わずにおくなんておかしな話ですが、当時はこんな理由を勝手に作った方が、自分にとって納得しやすかったのだと思います。

ホテルに勤めはじめて一年ほど経った月曜日。

宿泊されていたすべてのお客様がチェックアウトした昼前のことでした。

天気もよく、外の日差しがまぶしいと感じる日でした。

私は、そろそろ後輩となる新入社員のホテルマンが配属される日も近いなぁ、などとぼんやりと考えていて、またもや四階の部屋のことを思い出してしまいました。

もはやお化けの話を確かめるような大それた気持ちなどなく、単純にお客様を泊めない部屋というものをほんの少しでも覗《のぞ》いてみたい、という残されたままの好奇心だけがあったのです。

それに、覗いたことでスッキリするのならその方がいい……。

私は、その部屋の鍵《かぎ》を手にすると、こっそり入ってみようと四階に行きました。

こんな天気のよい昼間にちょっと入ってみるくらいなら、別に問題はないだろう、と思ったからでした。

鍵を使って四階の部屋のドアを開けると、奥の窓から昼の光が差し込んでいました。

そのせいか、部屋の中には少し埃《ほこり》のにおいがしたように思います。

中に少し入って、そこから部屋を見渡すと、床全体にはうっすらと埃が積もって白っぽくうつりました。

後ろで、ドアがカチャッと閉まる音がした瞬間でした。

バスルームから、キュッ、キュッ、キュッ……、という音とともに、サァーというシャワーを使う水音がしはじめたのです。

えっ⁉　うそっ！

ビックリした私は体が凍りついたように動けなくなりました。

全部屋チェックアウトした後なのに……いや、ここは元々使っていないんだっけ……。

しかし……こんな昼間っから、それもたったいま部屋に入ったばっかりなのに、いきなり何が起こったのかと驚きながら足元の絨毯《じゅうたん》を見ました。ほんのうっすらとした埃の上には微《かす》かとはいえ自分の足跡しかありません。

ここからシャワールームの前までどころか、見える範囲の部屋中の床には人が歩いた跡などないのです。

誰もいないのに……。

当たり前だ。そもそも鍵だってたったいま開けたばかりだ……。

頭の中に〝お化け〟という言葉が思い浮かびました。

……まさか。

私はこの状況に、しばらくのあいだどうしてよいのかわかりませんでした。

そこへ、キュッ、キュッ……、という音がして、シャワーの水音が止まりました。

……よかった、きっとシャワーが壊れたか何かに違いない、と、自分に言い聞かせました。

ところがまたキュッ、キュッ……、という音とともに、水音がしはじめたかと思うと、今度はバシャバシャバシャバシャとまるでシャワーを使っている人がいるかのような音になったのです。

誰かいる！

私は怖さから、音のするバスルームのドアから目をそらすことができなくなりました。

どうすることもできずに立ちすくんでいると、シャワーの音が止まり、今度はバスルームのドアが少しずつ開いていくのです。

開いてゆくドアのあいだから、人の形をした影が見えました。

そしてゆっくりと開いたドアの隙間から、色白の女性が顔を出したのです。

お客様？　そんなはずはない。

はっきりと女性を見てしまった私は、気が動転してしまいました。

やがて、中からびしょびしょに濡《ぬ》れた裸の女性が出てきたのです。

黒く長い髪に、色白の肌。もの凄く綺麗な人でした。

その女性はシャワールームから出ると、一歩、また一歩と私に近づいて来ます。

私はもう、頭が真っ白になっていました。

気がつくと、うっすらと埃の積もったベッドの上でした。

えっ？　と起き上がると、私は裸だったんです。

慌ててフロントに戻ると、上司が、どうだった？　と聞くのです。

な、なんのことですか？　と、とぼけると、上司はすれ違い際に私の肩をポンと軽く叩《たた》いて少し笑いました。

行ったんだろ？

ラブホテル

あれは暑い夏のことだったと思います。

当時大学生だった私は、社会人の彼氏とつき合っていました。

土曜日に彼と二人で、大阪から京都の方にドライブに出かけたときのことです。

昼間の暑い日差しの中をお寺や神社を巡って歩き、陽が落ちてから少しお洒落《しゃれ》なレストランで食事を楽しみました。

調子に乗って時間を忘れてしまい、すっかり遅くなったので、帰りの道を少し急いでいたと思います。

辺りは暗く、窓の外は暗いだけで代わり映えもなく、車内に流れる音楽を聴いているうちに、私はいつの間にか眠ってしまいました。

突然彼に肩をゆすられて目が覚めると、車は路肩に停まっているようでした。

どうしたの？　と言うと、彼も疲れて眠気が取れないんだと言います。

時計を見ると夜の十時を過ぎています。

私も彼にこのまま運転を続けられて、居眠りで事故でも起こされたら大変と思い、どこかでちゃんと休憩をとりましょうよと提案しました。

実は、私の心の中では本気でそう思う半分、彼のお誘いもわからないでもないという気持ち半分、という感じだったのです。

再び車を走らせてゆっくり休憩できるところを探して走り回っていましたが、土曜日の夜ということもあって、行く先々に〝満室〟の赤いライトが点《つ》いています。

勝手なもので〝空室〟が表示されているホテルを見つけるまではと思いはじめると、不思議と眠気がなくなりました。

半分意地になって探しているうちに、だんだん車は街から離れて逆戻りするかのように山の方に向かって行ったのです。

その峠道で、寂れた一軒のラブホテルを見つけました。

入り口の脇を見ると、〝空〟の青いライト。

二人ともその表示を見て、思わずガッツポーズが出ました。

車を駐車場に入れて、入り口から小さなフロアに入ると、部屋の使用状態が表示されているパネルに、三〇三号室の一部屋だけが明るく光っています。

私は部屋を選ぶ楽しみがなくてちょっとがっかりしましたが、やっと休めるわけですから、いまさら贅沢《ぜいたく》を言う気などまったくありませんでした。

でも彼は、ここでいいのかどうか私の顔色を窺《うかが》っているみたいだったので、私の方から、満室よりはよかったじゃない、と言って、その残された部屋のボタンを押してもらいました。

料金を支払うための小さな窓口まで行って、その前に立って待ちましたが、いつまで経っても係の人が出てきてくれません。

まるで、客が来るとは思っていないかのようです。

彼が痺《しび》れを切らして、すみません、と声をかけると奥の方から、はいはいはい、とおばさんの声が聞こえて、窓口の奥に女性が座る姿がわずかに見えました。

ごめんな、兄ちゃん。今日は満室やねん。また今度にしてくれる？

満室？

あの……、外に部屋が空いてるって表示が出てたし、そこのパネルにも三〇三号室が空室になっていましたけど？

え？

おばさんの、そんなはずはないという声がフロアに響きました。

おばさんは、ちょっと待っててや、と何か確認でもするのか、しばらく席をはずした後、兄ちゃん、休憩やろ？　休憩でええやんなぁ？　宿泊せぇへんやろ？　と聞いてきます。

私は特別ラブホテルに詳しいというわけではありませんが、それでも日付けが変わろうかという時間に入ったのに休憩を薦めるおばさんが少しおかしいということぐらいはわかります。

恐らく彼も気になったのでしょう。私に向かって、どうしようか？　と目線を送ってきました。

窓口のおばさんは、私たちの妙な間を察したかのように、兄ちゃん、休憩にしときぃな、宿泊やない方が安うてええで、とさらにたたみかけてきます。

私はどちらでもよかったのですが、どこか変な感じのするおばさんの対応に、なんとなく長居は無用かなと思ったので、彼に〝休憩〟と小さく囁《ささや》きました。

おばさんも耳ざとく聞いていたのか、彼が休憩と言う前に、ほな休憩やさかい三千円、おおきに。嬉《うれ》しそうにお金を受け取ると、部屋のナンバーの入った鍵《かぎ》を窓口から出しました。

私はあれだけ疲れて眠かったはずなのに、いざホテルに入ると少しでも早くシャワーを浴びて昼間の汗を流したい、という気持ちになっていましたから、部屋の前に着くと、さっさと彼の手から鍵を取ってドアを開けたんです。

その瞬間でした。

大きく冷たい空気の塊が流れ出てきて、まるで外に押し返されるような気がしたのです。ただの冷房の効かせすぎ？　と思いましたが、どういうわけか全身に鳥肌が立って、ドアの前で動くことができません。

まるで身体が、入ることを拒否しているようなんです。

どうしてそう感じるのかと思って前をよく見ましたが、普通にスリッパが二つ並べてあって、さらにその先の壁の突き当たりに大きな葉をつけたゴムの木のような観葉植物があるだけでした。

…………‼

その観葉植物を見て、ぎょっとしました。

葉と葉のあいだに、女の顔があるのです。

私と同じくらいの年の若い女の顔。

上下の葉と葉のあいだに挟まれて覗《のぞ》くその顔は、まるで重さがないかのように、じっと浮いていました。

‼

その女の目が私を見たのです。

目が合った途端、顔つきが変わって、私を恨んでいるかのように睨《にら》みつけました。

……やだ。

怖いのに、目が離せません。

こうやって話していると長い時間のように思われるかもしれませんが、ほんの二、三秒のことだったと思います。

私が入り口で動かないままでいたからでしょう、後ろにいた彼が痺れを切らして、何をやっているんだとばかりに私を部屋の中に押し入れて、自分も一緒に入ってきました。

中に入った瞬間、女の顔がぐっと動いて、見上げるように彼の方を睨みつけたのです。

その瞬間、後ろから、すぅーっと大きく息を吸い込む音が聞こえました。

ふわぁっ！

彼は慌てて私を廊下に引き出すと、ドアを閉めてすばやく鍵をかけ、なんだあれ！　女？　顔？　とつぶやきました。

私は怖いのと自分が見たものが信じられなくて、言葉が出ません。

ただ〝わからない〟と首を横に振るのが精一杯でした。

彼は急いで私の手をひくとエレベーターに乗り込んで一階のフロアに降りて窓口まで行くと、その中に鍵を放り込んで、そのままの勢いで駐車場に行こうとしました。

すると窓口の奥から慌てた声で、兄ちゃん！　兄ちゃん！　どないしたん?!　とおばさんが呼び止めるのです。

振り返ると窓口から、思いっきり伸ばした片手が、私たちに向かって、おいでおいでをしています。

出るっ！

彼がフロア全体に響き渡るほどの大声で怒鳴りました。

おばさんはさらに大声で、兄ちゃん！　兄ちゃん！　待って！　待ってぇなあ！　となおも叫びながら、私たちに向かって、おいでおいでを繰り返します。

お金はさっき払ったっ！

違うねん！　違うねん！　と言いながらさらに大きく手招きをするのです。

うるさいなっ！　と彼が真っ赤になって怒鳴ると、おばさんの手がすっと引っ込んで、窓口から顔を横にして、外に押し出してきました。

誰にも言わんとってや。

そのとき、彼の真っ赤な顔が真っ白になるのを見ました。

叔父の書斎

私が小学校三年生のころの体験です。

その当時、私の家には親父の弟、つまり叔父《おじ》さんが同居していました。

親父が叔父さんに向かって、お前はちゃんと働いているくせに変わり者だから、いつまで経っても結婚どころか彼女の一人もできやしない、などとぼやいていたのを覚えています。

いま思えば、親父はきっと叔父さんに早く独立や結婚をして、家族を持って欲しかったのだと思います。

親父は変わり者だとぼやいていましたが、私や幼稚園に通っていた弟にはとてもよい叔父さんで、随分遊んでもらいました。

弟は特に、可愛がってもらっていたせいか、よく怒る親父よりも優しい叔父さんの方にとてもよくなついて、兄の私が見ていても叔父さんの方が父親のように見えたくらいです。

本や模型、旅行など、趣味人だった叔父さんは自分の寝室と書斎を兼ねた部屋に閉じこもって、いつも何かをやっているようでしたから、仕事から帰ってきても部屋に閉じこもって出てこないことも多く、顔を必ず合わせるのは朝食の時くらいでした。

その叔父さんは、私が小学三年生のときに急死しました。確か心筋梗塞《こうそく》だったと聞いています。

その朝、いつまでたっても食卓に現れないので、心配した母親が書斎に呼びに行ったのに返事がない……。それどころか部屋の中にいる気配すらなかったので、ドアを開けてみたところ、机に伏せたまま亡くなっていたということでした。

なんだかんだ言って、親父も叔父さんのことを大切に思っていたのだと思います。亡くなった後も書斎をそのままにして、中にあった電話も解約することなく、ちゃんと料金を支払って繋《つな》ぎっ放しにしていましたから……。叔父さんが死んだと思いたくなかったのかもしれません。

叔父さんが生きていたころは、書斎の扉に鍵をかけられたことは一度もありませんでしたが、もう部屋の主はいないんだから、と言って普段は親父が鍵をかけていました。

叔父さんが亡くなったことを知らない誰かが連絡を取ろうとしたんでしょうね、書斎の中から電話の呼び出し音が聞こえたことがしばしばありました。

わかっていることとはいえ、誰もいない部屋からの呼び出し音が延々と聞こえるというのは気味の悪いものです。かといって、あまり早く切れたりすると、ひょっとして死んだ叔父さんが電話を取ったのかもしれないと想像しては怖くなりました。

叔父さんが亡くなって半年以上経ったころでした。

時々、家の中で叔父さんの気配がすることに、家族みんなが気づくようになったのです。

それは家族団欒《だんらん》の最中に、トイレの水が流れる音や、廊下を歩く音だとか、鍵がかかっているはずの書斎の扉が開閉するような音でした。

一度だけですが、私は書斎の扉の中に煙のようになって入っていく白い人を見たことまでありました。

その人影は間違いなく叔父さんのものでした。

ある日曜日の昼下がり、母親が出かけたので、親父と一緒に家で留守番をしたときのことです。

そのとき私は弟と二人でテレビを観ていました。

ちょうどコマーシャルになったので、弟がおしっこに行ってくる、と居間を出た直後です。

ドン！　と廊下から何かが落ちたような大きな音がしたかと思うとウワーンという弟の

大泣きが聞こえましたから、私はてっきり弟が廊下で転んだものだと思いました。

ところが泣き声に混じって、兄ちゃん助けて！　と聞こえたので慌てて廊下に出てみると、うつ伏せになった弟がまるで水泳のクロールでもするかのように、両手をバタつかせながら器用にも廊下を後ろに下がっていきます。

泣きながら何やってるんだコイツ、と思って呆《あき》れて見ていると、うつ伏せの弟の両足がすっと持ち上がってズルッと、後ろに引き摺《ず》られたのを見たのです。

ゾッとして鳥肌が立ちました。

何しろ弟の後ろには誰もいないのに、ひとりでに足が浮いて、その身体が後ろに下がっていくのです。子供の私ですらただごとではないと思いました。

弟は大泣きです。

私は慌てて弟の前に回ると両手を摑《つか》みました。

弟の力で、それも廊下でうつ伏せになっている状態ですから、私の引っ張る力が負けるはずがないのに、いくら引いても止めるどころか、私は弟と一緒に引き摺られてゆくのです。

お父さん、助けて!!　早く!!

私の絶叫を聞いた親父がすぐに、二階から駆け下りてきました。

どうした？

私は、わかんない！　としか答えられません。

その前で、大泣きしている弟と私は後ろに引き摺られていくのです。

おい、何やってるんだ!?

親父は、お前はどいてろ、と弟の両手を握りました。

流石《さすが》に親父の力は強く、引き摺られるのは止まりましたが、代わりに弟の身体が宙に浮きました。

親父は痛がる弟の腕をたどって腰を抱えましたがそのやり取りはまるで、見えない何かと綱引きをやっているようでした。

そこに弟が突然、叔父さん痛いよ!!　と叫んだと同時にいきなり廊下の突き当たりの扉がバンと、もの凄《すご》い音を立てて開いたんです。

うわっ!!

私は腰が抜けてその場に座り込んでしまいました。

そこは鍵《かぎ》がかけられていて、開くはずのない叔父さんの書斎でした。

やめんかお前！　うちの子を連れていくな！

ドン！

親父のひと言でまるで手が離されたかのように弟の足が廊下に落ちました。

よかった、と親父が弟を抱きしめると、音も立てずに書斎の扉がゆっくりと閉まって、なんとカチャカチャと鍵がかかったのです。

やっぱり……。あいつまだ成仏もせんと部屋にいたのか……、と親父はつぶやきました。

その後すぐに、親父は書斎の中の物をすべて処分して、応接間に改装しました。

その部屋に扉はつけられませんでした。

木守《こも》り

うちの家は大阪で代々古道具屋を営んでいます。

いまから……そう、四十年くらい前でしたかね……。

その日、珍しく親父の友人の喜六《きろく》さんが訪ねてこられました。

親父を呼ぶと、こそこそと店の奥に入っていき、二人して何やら話をしています。

おい、ワシ、ちょっと喜六と一緒に出かけてくるさかい、車借りんで。

そう言って家の裏手からリヤカーを繋いだ自転車を出してくると、喜六さんを荷台に乗せて出て行ったのです。

何事かと思いましたが、朝っぱらからわざわざ隠居した親父を誘いに来るときは、必ずお金の話か何か大きな出物《でもの》の話に決まっていました。

二人して、いったい何をするのやら……。

随分と帰って来ないなと思っていると、夕方近くになって店の前から、おぉい、手伝《てつど》ぉてくれ、と大声がします。

出てみると、汗だくになった親父が、リヤカーを引いて帰って来たところでした。リヤカーには、薄汚れた布団が何枚もかぶせられて、まるで山が乗っているようでした。凄いやないか親父、どないしたんや、これ？　ごっつい仰山《ぎょうさん》の出物やんか、と声をかけると、親父にとっても手ごたえのあった取り引きだったらしく、にこにこ笑いながら、どや、凄いやろ？　船場《せんば》のさる金貸しがな、株に手え出して大失敗しよって、夜逃げの算段はじめるちゅう話を喜六から聞いたんや。ダメもとのつもりやったけど、いやぁ、流石《さすが》に早耳の喜六だけあって、ほんまの話やったわ、と上機嫌です。

それでこの大所帯かいな？

そりゃそうやがな。借金取りや銀行かなんかにかぎつけられて差し押さえされる前に、売れるもんみんな売っとかんことには身軽にはならんし、夜逃げにも金が必要やさかいな。

なるほど、その通りです。しかし……。

こんだけ仰山買いつけたら高かったやろ？

さぁ、そこは時間との勝負や。向こかて早う捌《さば》かんことには気が気やないがな。ねばって値段吊《つ》り上げてる場合とちゃうやろ？　買い叩いたで。しかし喜六もな、ワシだけやのうて、ほかの道具屋にも声かけとったみたいで、あいつもあいつで、えぇ商売しよったわ。ま、ほんでワシの取り分がこんだけっちゅうわけやな。ほな、さっさと蔵に入れるの手伝うてくれ。

親父に促されるままリヤカーの荷の山を解《と》くと、まぁ色んな物が積まれていました。

恐らく壺《つぼ》や皿、茶器や食器が入っているであろう大小様々な桐の箱に、何本もの掛け軸、屏風《びょうぶ》、衝立《ついたて》、鉄瓶、釜《かま》、七福神や龍の彫り物、中にはこんなもの誰が買うんだろう？　という源内《げんない》彫りの欄間などが満載で、まるで火事場泥棒さながらでした。

荷物をひとしきり裏手の蔵に押し込むと、親父は後は任せたと、さっさと酒を引っ掛けに出かけていきました。

やれやれ……。

私はいつものことなのでさほど気にせず、蔵の中で目録作りをはじめました。

流石に船場の金貸しだけあって、金持ちからも貧乏人からも借金のカタに巻き上げたのでしょう、品物は玉石混淆《ぎょくせきこんこう》でした。

大きな物から小さな物へと目録を記しているうちに、どこから出てきたのか、妙な物が目に留まりました。

薄汚れて潰《つぶ》れた小さな紙箱が落ちていたのです。

紙箱には紐《ひも》がかけてあり、その蓋《ふた》には何か御札のようなもので封がしてあるようでしたが、すでにボロボロになって破れていました。

……何やこれ？

拾い上げてみたところ、箱が潰れていたためにスルリと紐から抜け落ちて、中から何か出てきました。

手にしてみるとそれは筒のように丸められた古新聞でした。

新聞紙を丁寧に開いてみると、中からは十五センチほどの、のっぺりとした不思議な形をした薄黒い木の棒のようなものが出てきました。

丸くくびれた頭のような物があって、あとは棒のようになっています。

ちょうど、顔の描かれていない作りかけの首の太いこけし……といえばわかりやすいですかね。

うっすらと黒光りするそれは、飾られていたというよりも、大事に身につけていたというようなあたたかみを感じましたが、こんなこけしの出来損ないみたいなわけのわからない物では売り物にはなりません。

捨てようかとも思いましたが、手にして眺めれば眺めるほど、なんとなく魅力というか奇妙な味わいを感じて、店の飾り物にでもするか、と外のガラスケースの端に置いたのです。


翌朝のことでした。

店を開けてしばらくすると、すみません、すみません！　と外から声が聞こえます。

開けたとはいえ、古道具屋に朝からお客さんが来るということなど滅多にないので、てっきりご近所の方かと思ったら、会社員風の男の方が立っておられました。

あそこに飾ってあるあれ、あれはなんですか？

そう言って、昨日飾ったこけしを指さしました。

さぁ、なんでしょうね。作りかけのこけしでしょうか？　私もちょっとした飾りのつもりで置いただけですから。

そう答えるしかありませんでした。

……あの、あれ、売っていただけませんか？

正直驚きました。こんな、道具でもなければ飾り物でもないような物を欲しがる人がいるとは思わなかったからです。

売り物のつもりではなかったものの、売り惜しみするほどの物でもないので、値段は忘れましたが適当に安い金額を言ったような気がします。

その会社員風の方は、特に嫌がる顔もせず、私の言い値でお買い上げになりました。

珍しいこともあるもんだ……それくらいにしか思いませんでした。

それから二、三日した夕方ごろだったと思います。あの会社員風の方がまた訪ねて来られました。

見ると右手に包帯を巻いています。

あの、これ返します。そう言ってこけしを目の前に置くと、その方は引き止める声も聞かず、足早に出ていきました。

品物を返されたのなら代金をお返ししたかったのに、と思いながら仕方なくそのこけしを元の場所に飾って奥に戻ろうとすると、後ろからこれはいくらですか？　と声をかけられたのです。

振り返ると、今度は身なりのきちんとした初老の男の方が立っていました。

その方もなぜか飾ってあるこけしを見つめておられます。

あそこにあるあれです。あれをください。

私は奇妙なことが続くものだと思いつつも、この前と同じ金額を口にすると、やはりその方も嬉《うれ》しそうにお買い上げになって行かれました。

隠居した親父ほどではないにせよ、私も店を任されているくらいですから多少の目利きはできるつもりです。その私がどんな品物なのかまったくわからないのに、どうしてこうも次々とお客さんの目に留まるのか、不思議でなりませんでした。

ところが二、三日たった朝。あのこけしを買い上げた初老の男の方がまた店に来られたのです。

見ると、包帯を巻いた右手を首から吊っています。

怪我でもされたのですか？　と訊《たず》ねると、返答することなくこけしを棚に置いて、まるで逃げるようにして足早に出て行かれました。

こんな捨ててもよさそうな物をわざわざ店に返しに来るなんてことが二度も続くと、流石に気味が悪くなって、奥にいる親父を呼びました。

毎朝のことですが、酒のせいでいつも寝起きが悪い親父が、私の手にしているこけしを見た途端に顔色を変えたのです。

お前これ、どないしたんや？

この前、船場から親父が仕入れてきた荷物に混じっていたと話すと、親父はうーん、と唸《うな》る顔をして、こんな傷もんが混じっとったんか……、とつぶやいたのです。

傷もん？　私にはさっぱり正体のわからない物を、どうやら親父はひと目でわかったらしいことに、少々感心しました。

親父は私の心を見抜いたかのように、あほ、感心してどないすんねん。お前もなんとか一人前になったかと思とったけれども、これをひと目見て傷もんとわからへんようではまだまだやな、と今度はため息をつくのです。

そんなことを言われても持って来たのは当の本人だ。

親父かて気がつかへんかったんやろ？

……これ、……このまんま出物に混じっとったか？

……そう言われてみれば、小さな紙箱に入っていた。そう答えると、ほんまにただの紙箱やったか？　とさらに念を押されました。

……そうや、そない言われたら、御札のような物が貼ってあったような気がする。

そうか……。それで気が付かなんだか……。しかしな、それワシが仕入れたんとちゃう。たぶん誰かが仰山買《こ》うたワシを妬《ねた》んで傷もん混ぜよったんや。

事情はともかく、さっきから口にする〝傷もん〟という言葉が気になって、それが何かと訊ねました。

あのな、どないなもんでも持ち主が、ごっつい愛着かなんか持ってたりすると、魂っちゅうか念っちゅうか、心みたいなもんが宿んねん。そういうもんはな、手放されても持ち主を探して、元の場所に帰りたがったり、他人が持ったら嫌がって悪さしたりするんや。けどな、そういう怪しげなもんは、まるで生きてるみたいに気配みたいなもんがあるさかい、不思議と人を惹《ひ》きつけるんやな。そやから、なんやええもんみたいに思えるんや。

なるほど、それならこれまでのことに合点がいく。

で、箱は？　箱はどないしたんや？

捨てた、と言うと親父はさらに深いため息をつきました。

ため息をつかれても、あんな薄汚れて潰れた箱など取っておくわけがありません。

………。

親父は思案の末に私の手からそのこけしを取って懐に入れると、ちょっと出かけてくる、と店を出て行きました。

やれやれ、これでひと安心と、その時は思ったのです。

二時間ほど経ったでしょうか。電話が鳴って、出ると、なんと病院からでした。それも親父が事故に遭ったのですぐに来てください、というものでした。

いきなりのことだったので、近所に嫁いだ娘に電話を入れて店番を頼むと、私はそのまま病院へ向かいました。


病室に入ると、親父が、右肩から先を包帯でぐるぐる巻きにされて眠っていました。

看護師さんの話によると、すれ違ったトラックの荷台からはみ出した廃材にぶつけられたということでした。

寝ている親父の横のテーブルに、あのこけしが置いてあります。

もう十分見慣れた物ではありましたが、流石《さすが》にそれが目に入った途端に背中に冷や汗が流れました。

…………。

どうしていいかわからないままに呆然《ぼうぜん》としていると、親父が目を覚ましました。

ああ、来てくれたんか。

そう言うと親父は、ちらっとこけしを見て、深く息を吸い込みました。

これをな、この間の金貸しの家に放り込んできたろと思うたんや……。けど、あかんかったわ。たぶん元のところには戻りとうないんやろ。お陰でこのざまや。そんでな、お前ひとつ頼まれてくれるか？　これ、うちのお寺さんに持ってけ。昔からの檀家《だんか》やねんから、あの坊主も聞いてくれるやろ。ほかには思いつかん。このままやったらいずれお前も家もただではすまん……。危ないさかい、気ぃつけて急いで持っていってくれ。それからな、こっから寺まではごっつい遠いけど、歩いて行け。ハイヤーかなんかに乗ったら事故起こすかもしれん。ほかの人様、巻き込んだら大変やさかい、ええか、しんどうても歩いて行くんやで。

そう言うと親父は目を閉じました。まるで私に伝えるために頑張っていたかのようでした。

私は看護師さんからガーゼを一枚もらうと、こけしを包《くる》んで病院を後にしました。とはいえ、私も事故に遭うかもしれないと思うと怖くて仕方がないので、手に持ったガーゼの包みに向かって、お寺さんに行くから……。お寺さんに行くから……、と、念仏でも唱えるかのように何度も心の中でくり返して歩いたのです。

本当に病院から寺までは遠く、お寺さんに着くころには日が西の空に傾いていました。石段を登ってもうすぐ山門というところまで来た辺りで顔を上げると、なんとご住職が山門の前に立っています。

ご無沙汰《ぶさた》しております、とひと声かけ終わらぬうちに、ご住職の方から声をかけられました。

えらいもん、持ってきなすったな。

えっ!? 持ってきなすったという言葉に正直驚きました。

さっ、本堂に来なされ。

本堂? まさか着くなり本堂に通されるとは思ってもみませんでした。

相談事ならわざわざ本堂になど行くはずがないからです。

ご住職がご本尊の前に座るなり、私もその前に座らされました。
こちらに。
と、ガーゼの包みに向かって手を出されました。
ご住職はガーゼをほどいてこけしを手にすると、うやうやしく一礼して
なんと……不憫《ふびん》な……と、ひと言つぶやいたのです。
あんたな、これがどういうもんか知りたいんやろ? 顔にそう書いてある。
……はぁ。
……昨夜《ゆうべ》な、私の夢枕に観音様が立ちはって、明日娘が訪ねて来よるさかい救ってやり

なさい、とおっしゃったんや。そんで、朝から山門の前に立って待っとりましたんや。しかし不思議なもんやな。観音様のお役目を果たさなあかん日なんやろう。今日に限って誰一人として寺に訪ねてこん。朝からいままで待ってて訪ねてきたのはあんた一人や。

……………。

私は言葉が出ませんでした。

この世の中に本当にそういうことがあるものかと、呆然とするしかなかったのです。

ふと気がつきました。

娘？　娘が訪ねてくるというのはなんのことでしょうか？

娘とは、ほれ、この木守《こも》りのことや。

木守り？　木守りというのか。このこけしのようなものが……。

観音様がな、夢の中でこれがどういうものか教えてくださってな、いや、というより見せてくださったんや。

何をですか？

よう聞きなさい。明治のころやと思う。貧しい貧しい百姓がおってな、そこには娘ばっかり三人もおったんや。このまんまでは娘らを育てるどころか一家が飢え死にするいうんで、一番上の娘が女衒《ぜげん》に売られたんや。売られたと言うても金が欲しかったんやのうて、娘に生きて欲しかったんやろうな、それでな、なんにも娘に持たす物がありゃせんから、父親が不憫に思うて一本の木を削って、その子にお守りとして持たせたんや。いまでは考えられんこっちゃけど、昔はあまりに貧しすぎて、寺や神社にも入られへんような人もおったんやで。

わかるか？　生まれてから死ぬまでいっぺんも大きな鳥居をくぐったり、寺の山門より中になんぞ入ったこともないような人らが仰山おったんやで。そやから仏様とか観音様を見たことなんかあらへん。その父親は、娘に対する詫《わ》びと幸せを祈って一生懸命彫ったんや。ほんでな、母親と二人して娘を女衒に渡すその日まで、ずうっとこの木守りを磨いたんや。祈るような思いで……。

それで？　その子は？

うむ、別れのときにな、父親も母親も合わせる顔がのうて、娘が女衒に無理矢理連れ出されても、どうすることもできやせん。ただ、小屋みたいな家の中で泣くしかなかったんや。小さな二人の妹が追っかけて外に出ぇへんように抱きかかえて泣くしかなかったんや。ねぇちゃん、ねえちゃん、言うて狂ったように泣き叫ぶ妹らの声がいまもワシの耳について離れん……。見も知らん男にいきなり家から引っ張られていったら、なんにもわからん小さい子供でも姉とは二度と会えんことぐらいはわかるんやな。女衒に連れられた娘は、な、もうすぐ京へ入る前の夜にな、女衒に無理やり女にされたんや。どうせ置屋に入れられたら客を取らされるんやから……。

それも顔に傷でもつけたら売りもんにならんさかい、体に平手打ちをされてな、弱ったところで手籠《てご》めにされたんや。……さぁ、その後や。女衒が寝ているその横でな、娘は自分のたった一つの持ち物……その木守りを握り締めて泣いているうちに、その秘密に気がついてな。

秘密？　ご住職、これに何か秘密があるんですか？

根元のところ、捻《ひね》ってみ？

私は力を込めて根元を捻っていると、何度目かでキュ、という音とともに栓が抜けるかのようにして木守りが二つに分かれました。

その中から一本の真っ黒い棒のような物が出てきたのです。

よく見ると、その棒は元が何かの布切れのようなものでした。

それは少し触っただけでパラパラと粉になったので、慌てて中に戻して元のように栓をすると、これはなんですか？　と訊《たず》ねました。

……それはな、なんにもしてやれなんだ両親が、娘の側にいてやれるようにと、木守りの中に入れた父親と母親の着物の切れ端じゃ。

見た通り真っ黒やったやろ？　その娘はな、切れ端を見たときに親のありがたさと、横に寝ている女衒への恨みと、売られていく絶望が重なったんやろうな。自分の小指を喰《く》いちぎって、その二枚の切れ端に包んで元に戻したんや。

頭のええ勘の鋭い娘やったんやろ。きっとこの木守りも置屋に引き渡される前に女衒に取り上げられるということがわかったんやな、思いを込めて喰いちぎった小指をこの中に入れて、取り上げるに決まっている女衒に怨《うら》みを込めたんやなぁ。そやからこの木守りのおかげで、女衒はバクチが元のケンヵで右腕を切られて死んどるなぁ。

しかし厄介なんはその後や、込められた怨みは、誰を恨んでええのかわからへん。そやから女衒みたいに持ち主になる男という男に仕返ししながら、ここにきたんや。お前もここに持って来るからには何か思い当たるふしがないか？

……そうだ。店に返しに来た二人のお客さんもうちの親父も、右手に怪我をしていた。そうか、可哀想に右手の小指を喰いちぎったのか……。

思い当たるみたいやな。この娘は生きる気力の全部を怨みに変えてこの中に封じ込めてしもたさかい、指の傷もあって京に着いた後しばらくして亡くなってしもたみたいやな……。墓すらあらへん。それから持ち主の男を転々と流れながらあんたんところにたどり着いたっちゅうわけやな。そんで、昨夜ワシの枕もとに観音様がお立ちになって、すべてを見せてくれはって、もうええやろ、とおっしゃったわけや。

観音様もきっとこれまでに何度か救ってやろうと思てはったんやろうけれども、これの毒気を気味悪がったどっかの持ち主が、封印なんぞでもしよったさかい、観音様の目の届かんようになっとったんやな。まぁ、そういう経緯《いきさつ》のもんやさかい、どうせろくでもない持ち主のところに長いこと留《とど》まって、わずかながらの力でその持ち主を不幸に導いとったんやろ。

……しかしまぁ、こうして御仏の縁あってうちに来たんやさかい、後は引き受けたで。

よく私が無事でいられたもんだ。これも観音様のお陰でしょうかと訊ねると、住職は笑いながら、いやいやと首を振りました。

たまたま運がよかったんじゃろ、あんたはほれ、二年前に大事な一人娘を嫁がせたじゃろうが？　この木守りは元々、娘を想う両親の心と両親を想う娘の心やったんや。その心の込もったもんが娘を大事に想う父親を怨もうはずはないさかいな。それに長いこと閉じ込められとったから、世に出してくれた礼もあったんやもしれん……いや……やはりこれも御仏《みほとけ》のお導きあってのことか……。

そう言う住職の顔には微笑みが浮かんでいました。

私は話が理解できずに、呆然《ぼうぜん》としながら石段をおり、その足で入院している親父に報告をしに行ったのです。

整理しながらゆっくり説明しているうちに、やっとなんとなく私にも理解できたような気がしました。

親父は私よりよほど話がわかるのか、涙ながらにそうか、そうか、と繰り返していました。

これがきっかけで、傷もんという物が私にもわかるようになりましたよ。

井戸

いまは小さな工務店の社長をしていますが、この話は私がまだ独立前の作業員だったころの話です。

いまの人たちが聞いたら笑うかもしれませんが、私たちの仕事はとても験《げん》を担ぐというか、縁起を気にします。

それは仕事が事故や死と直結しているからです。

ですから五体満足、無事で仕事が続けられるよう、どんな小さなことでも気にするのです。

例えば、土地の方角だったり日取りだったり、ときには食べ物にまで気を配ったりします。

私が仕事をする中でもっとも気にするのが、御神木のような大木の伐採にかかわる仕事と、井戸がかかわる仕事です。

特に井戸の仕事を一番気にしますね。死につながるような障りも多くて、怖いですから……。

とはいえ、井戸もちゃんとお祀《まつ》りして、節を抜いた竹を入れて、通気するようにして埋めれば大丈夫だったりしますが、もっと気を遣う人ともなれば、埋める前に梅の小枝と川辺から採ってきた葦《よし》を一緒に入れたりします。

梅と葦ですから〝埋めてよし〟というまぁ、一種の語呂《ごろ》合わせの験担ぎです。しかしわざわざ験を担いでまでそういうことをやるのは、単に工事だけでなく、さらにその先の無事まで願うからですね。

そこまで気を遣うということは、そこまでしないと本当に障りがあるということです。

その障りをまともに見てしまったのが、いまから二十年くらい前の私が作業員だったころでした。

そのときは、町外れの荒地を宅地用に整地する工事でした。

少し斜面になっている土地でしたから、まずブルドーザーやユンボを使って土地を均《なら》すのです。

お昼どきになって私のすぐそばにいた現場監督が、おぉい、みんな、飯にするぞ、と告げました。

監督の近くで背を向けるようにして作業をしていたユンボのエンジン音が止まり、中からオペレーターをやっていた作業員が降りてきました。

ヘルメットを外しながら監督の横を通り過ぎ、お疲れ様です、と頭を下げたときでした。

突然、ユンボのアームがグルンと回転したんです。

バシャ、といういままで聞いたこともないような音とともに、監督の身体がもの凄《すご》いスピードで私の目の前を飛び去っていったんです。

一瞬のことでした。

バケットで叩《たた》き飛ばされた監督は、足以外はほとんど形を留めていませんでした。

監督を飛ばして動きの止まったバケットからは、ボタボタと血が滴っています。

この音に、作業の手を休めていた皆が一斉に動きを止めて私の方を見ました。

おそらくその瞬間を見たのでしょう。あまりの出来事に、腰を抜かして座り込む者もいました。

監督ーっ！　と絶叫したのは、最後に挨拶《あいさつ》を交わしたユンボのオペレーターでした。

その大声で金縛りが解けたかのように、皆が慌てて監督の周りに集まってきました。

オペレーターは上半身がぐしゃぐしゃになった監督をしばらく見つめた後、自分がさっきまで操っていたユンボのところへまっしぐらに走って行くんです。

こんな時に何をやっているんだと思っていたら、中に乗り込んで、そこから震えながら帰ってきて、動くわけがない、動くわけがない、と同じ言葉ばかり繰り返していました。

実際に作業場にいた全員がユンボのエンジン音が止まったのを聞いていましたし、現にその時もエンジンが動いていませんでしたから、彼の言葉を疑う者は誰もいませんでした。

監督の葬儀で作業が何日か中断した後、現場に再び全員が集められました。

工事責任者側から、作業員の中の一人がとりあえず現場監督代理として指揮を執ることになったと説明がありました。

その監督代理が簡単な挨拶もそこそこに、作業をはじめる前に皆聞いてくれ、この事故はただごとではないと思う。おそらくこの土地のどこかに井戸があると思うから作業をはじめる前に井戸を探してくれないか、と頭を下げたのです。

中断している期間に、土地のことを何か調べたのでしょうね。

中には馬鹿馬鹿しいと言う者もいましたが、ほとんどの作業員が何も言わず井戸探しをはじめたので、結局黙って全員で探しました。

しばらくしてブルドーザーが土を均した跡から、丸いコンクリートの一部が見つかりました。

あったぞ！　井戸だ！

コンクリートの形と周りの土地の様子からいって、間違いなく井戸でした。

ユンボを持ってきてコンクリートを取り除こうとしましたが、かなり深くまで流し込まれており、四メートルは砕きましたかね。

円筒状のコンクリートをどけたその下からは、廃材やゴミまで出てくる始末で、それを全部取り除いて、再び井戸として元に戻すと、その中に梅の小枝と葦を入れて、最後にちゃんと息抜き用の竹を入れて埋め直しました。

この後、工事を再開し、整地が終わるまで大きな怪我もなく、作業は無事終了しました。いまは工務店の社長をしていますが、これがきっかけで、どんな現場でも、まず井戸があるかないかをよく調べたうえで、作業には十分な注意を払って仕事をしています。

発狂する家

私の家の近所にあった〝発狂する家〟というあだ名の家の話です。

同じ町内に三代続いた大工のおじいさんがいました。

腕はもちろん人柄も素晴らしい人で、若い者をとてもよくかわいがり、何人もの荒れた若者を立派な一人前に育て上げたのだそうです。

そのため、地域一帯すべての大工さんたちから〝棟梁《とうりょう》〟と呼ばれて大変慕われていました。

その棟梁も後年、歳のために現場を遠のき、滅多に仕事を請け負わなくなっていました。

棟梁自身も引退を考えていたらしいのですが、そのけじめとなる仕事をしたいと思っていたらしくて、来る仕事、来る仕事、みんな若い者に紹介していたといいます。

そんなある日、棟梁指名の大きな仕事が舞い込んできました。

それは、大きな一戸建てというよりも、まるで屋敷のような大きな家の発注でした。

何より棟梁を喜ばせたのは、庭作りまで任されたことだったといいます。

恐らく棟梁はこの仕事こそ最後の仕事だと思ったのでしょう。

その仕事に対する厳しさや熱の入れようは、これまでになかったものだと、手伝いに入った大工さんたちが噂し合っていました。

やがて完成したその家は、棟梁にとってまさしく引退に相応《ふさわ》しい仕上がりになりました。

それは見た目が派手だとか豪華だというものではなく、百年のときが流れても立派に建っていそうなしっかりした家でした。

ところが完成した家を見た施主の方は、何が不満なのか気に入らないの一点張りだったといいます。

しかし、棟梁は完成までに何度も何度も細かな話し合いや打ち合わせを重ねて、その度に了解をもらって進めていましたから、出来上がってからの不満は、さぞ不本意だったと思います。

気合いと熱のこもった仕事だけに、この揉《も》めごとは、棟梁をひどく落胆させました。

その後何度か施主の方と話し合いを持ったそうですが、こじれる一方で、一向にその家を認めようとしませんでした。

ある雨の日を最後に、棟梁が姿を見せなくなりました。

一人暮らしとはいえ毎日規則正しい生活をしていたことを近所の誰もが知っていましたから、日が暮れても棟梁の家に明かりが点《つ》かないことを気にして、隣の家の人が訪ねていったところ返事がなかったので、すぐに警察に通報されました。

棟梁の家はきちんと片付けられていて、主《あるじ》の帰ってくるのを待っているかのようだったといいます。

警察の人から棟梁の行きそうな場所について何か心当たりはありませんか？　と言われた、近所の人がすぐに思い当たる所がありました。

あの家です。

棟梁が家と仕事場を往復するだけの真面目一徹な人であったことも、ここ最近あの家のことでふさぎ込んでいることも皆知っていたからです。

しばらくして、新聞の地方版に小さな記事が載りました。

それは、棟梁の遺体が自分の建てた家で発見されたというものでした。

施主の方が棟梁の死をどう思ったのかはわかりませんが、その死のために、家は建てられてから誰一人住むことのないまま、売りに出されました。

引退をかけた立派な仕事だっただけに、買い手はすぐについたといいます。

やはり見る人が見れば棟梁の腕がどれほど優れていたのかひと目でわかるのだと、手伝った若い大工たちは口々にそう話していました。

買い手は会社をいくつも経営する社長さんだったと聞いています。ところがその一家が引っ越してきてから一ヶ月もしないうちに、町内で奇妙な噂を耳にするようになりました。

夜、あの家の前を通りかかると、叫び声が聞こえる……というのです。

その叫び声を聞いたという人は、時間が経つうちに何人も現れるようになりました。そのうえ、近所の商店街のおかみさんたちが、買い物に来るあの家の奥さんの顔がみるみるやつれていくように見える、と噂しはじめたのです。

ある店のおかみさんが奥さんに、お体の具合でも……、と訊《たず》ねてみたところ奥さんは、奇妙な打ち明け話をしたといいます。

夜、二階の寝室で寝ていると、下からドン、という何かが倒れるような音がする。朝になって調べてみても、何も音のするようなものが見当たらない。

最初の一日二日は気にしないようにしていましたが、三日も続くとなると流石《さすが》に気味が悪いので、ご主人と一緒に音の原因を確かめに一階を見に行くと、玄関にも窓にもちゃんと鍵《かぎ》がかかっていて、ひと回りしても何もおかしなことはない。やはり気のせいだと二階の部屋に戻ろうと振り返ると、さっき通ったときは閉まっていたはずの、庭に面した客間の障子が開いている。

いつの間に開いたのだろう。

中を覗《のぞ》くと客間のさらに奥の襖《ふすま》までが開いている。

ご主人が泥棒でも入ったかと思って電気を点けたところ、いつ閉まったのか、いままで開いていた目の前の襖がちゃんと閉まっている……。

開いていたと思ったのは勘違いかと電気を消して廊下に出た瞬間、後ろからドンという音が……。二階で聞いたあの音。

びっくりして振り返ると、いま閉まっていた襖がまた開いていて、鴨居に首を吊《つ》った人の影がぶら下がっている。

まさかと思って見るとその足元に踏み台のような物まで倒れていた……。

本当に見たんです。

音のする瞬間まで誰もいなかったのに、首を吊った人がぶら下がっていたんですよ。

最初は何を見ているのかわからなくて呆然《ぼうぜん》としていましたが、これまで聞いていた音が、この首を吊ったときの踏み台が倒れた音だとわかった瞬間、私は叫び声をあげました。

不思議なことに声をあげた時には、首を吊った人が消えてるんです。

でも、襖は開きっぱなしのままでその奥には、まるでトイレの電球のようなオレンジ色の光がグルグル回っていて、部屋の中にできる影が動き回っていました。

後はもうわけがわからず、主人と逃げるようにして二階に駆け上がりました。

もう怖くて、二人で一つの布団に入りましたが、それでも身体の震えが止まりませんでした。

ところが朝、目が覚めると主人は、昨日は怖い夢を見たね、と言ってケロリとしているんです。

いくら私が夢ではなかったと言っても、そんな馬鹿なことは起こるわけがない、と言って取り合ってくれません。

それから毎晩、一階からドンという踏み台が倒れるような音がする度に私は大声をあげてしまうんです……。

主人は夢だと決めつけてからは、毎晩の音も私の声もいっさい聞こえないかのように起きてくれなくなりました。

……でも、実は……もうひとつ気になるのが同じ二階にある子供部屋で寝ている息子なんです。

これだけの私の声に一度も起きてきたことがないので、ぐっすりと眠っているものだとばかり思っていました。

ところが一昨日《おととい》、息子が朝ごはんを食べながら、お母さんはどうして大きな声をあげるの？　と聞いてきたんです。

ドキッとしました。

ごめんなさい、夜中にビックリして目が覚めちゃうよね、なんでもないから気にしないでね、と答えると息子はニッコリ笑って、平気だよ、と言うんです。

えっ？　どうして？

だっていつも目が覚めたら、そばに優しそうな知らないおじいちゃんがいて、ニコニコしながら僕の頭を撫《な》でてくれるから……。

優しそうなおじいちゃんって、誰？　どこの人？

そう訊ねても息子は、知らない、でも優しいおじいちゃんだよ、と答えるだけでした。

どうしてこんなことが起こるのか？　ひょっとしたら自分だけがおかしいのか？　近頃何もかもがわからなくなってきたんです……。

奥さんは一人の知り合いもいない不慣れな土地でよほど誰かに聞いて欲しかったのか、

店先であることも忘れて長い打ち明け話をした後、幾分か顔色をよくして、お礼のつもりだったのでしょう、いつもより多目の買い物をして帰って行ったといいます。

奥さんの打ち明け話が本当かどうかはわかりませんが、やがてあの家から絶叫が聞こえるという噂は段々と囁《ささや》かれなくなっていきました。

その噂がなくなったというのではなく、別の噂話で塗り替えられていったのです。

雨の日の夜に、あの家の庭に棟梁《とうりょう》が立つ……。

いえ、単なる噂ではありません。

私も見たからです。

その日は朝からずっと雨でした。

残業の帰り、私がその家の前を通りかかったときのことでした。

ふと見ると、庭の真ん中に何やらぼんやりとした薄明るい柱のようなものが立っていました。

歩きながらなんだろうと注意して見ると、柱のように見えたものは人の後ろ姿であることがわかりました。

さらに、その人は母屋に一番近い松の木の下に立っているようでした。

こんな夜の雨の中を傘もささずに誰だろう？

泥棒かと思いましたが、眺めているうちにその体つきが見覚えのある人のような気がしたのです。

……えっ！

棟梁⁉　まさか⁉

自分の目を疑いました。

亡くなった人が立っているわけがありません。

何度も何度も、棟梁のわけがない、棟梁のわけがない、別の誰かだ、と自分に言い聞かせながらより注意して見ました。

しかし、肩から羽織っている半纏《はんてん》、腰にぶら下げられた手ぬぐい、後ろ姿とはいえその体つきは棟梁以外の誰でもありません……。

しかも、この雨の中に立っているのに、棟梁の身体はまったく濡《ぬ》れていないんです。

真っ暗だからほかの何もよく見えないのに、棟梁だけがはっきり見えました。

ずっとピクリとも動かず見上げるように、ただ家を眺めて……。

どうしてあんなところに？

いや亡くなった人がどうしてここにいるのか？

頭の中が混乱しているせいか、棟梁を見つめたまま体が動きません。

いえ、本当は棟梁を見続けていたくて動きたくなかったのかもしれません。

とても長く見ていたような気もしますが、四、五分だったような気もします。

一瞬でした。

ふっ、と棟梁が消えたかと思うと、松の木に一番近い障子がオレンジ色に照らしだされて、途端に、すっと障子が開いたのです。

その瞬間、背中一面に冷や汗がどっと流れて、私は傘も放り出して自宅に向かって走って帰りました。

商店街のおかみさんから聞いた、奥さんの打ち明け話と、いま自分で見たことが頭の中で繋《つな》がった気がしたのです。

棟梁の後ろ姿を見つめているうちは、何か不思議で心安まる懐かしいような気持ちがしていました。

しかしその姿が消えて、まるで光になって家の中に入っていくのを見たとき、それはそんな心安まるようなものではない別のものだと感じたのです。

雨の夜に、あの家の庭に棟梁が立つ……。

噂は本当でした。

この噂はあの家の奥さんの耳に入ったのでしょうか……?

その家に引っ越してきて、四ケ月ほど経った、やはり雨の日曜日でした。それもお昼の食事時に、ご主人が家の前の道路に飛び出して、トラックに撥《は》ねられて亡くなったのです。

たまたまそこを通りかかった人たちの話によると、何やら狂ったように大声をあげて家から逃げ出すように道路に飛び出した瞬間、出会い頭にトラックに撥ね飛ばされたということでした。

残された奥さんと息子さんは、ご主人の四十九日を待つことなく、事故の後二週間ほどでこの家から引っ越していきました。

それでまた住人のいない家に戻ったのです。

一、二年ほどしてこの家に再び買い手がつきました。

次に入ったのは、とある病院の院長一家でした。

大学生と高校生の息子さんがいる、四人家族でした。

入居して半年くらい経ったころでしょうか、大学生の息子さんがノイローゼになったと噂されました。

大学にも行かず、昼間から家の周りをグルグルと歩き続ける姿が目撃されたからだそうです。

不思議なことに、歩き回っている途中で庭の松の下を通りかかったときにだけ、立ち止まっては家を眺めてまた歩き出す……。これを繰り返したといいます。

どんなに奥さんが、止《や》めさせようとしても、隙を見ては、家の周りを歩き回ったそうです。


そして梅雨が近づいたある日、ご主人が亡くなられました。

夕方黙って出かけたまま、夜になっても帰って来ないので、奥さんが探しに出たところ、家の前の道路を渡った田んぼの中でうつ伏せになって倒れているのを見つけたそうです。

どうしてそうなったのか、原因はよくわかりません。

ただ、田んぼの泥の中に肩まで頭を突っ込んで死んでいたのだといいます。

このご主人の死を境に、新しい噂が囁かれました。


あの家は、発狂する家……。

そんな家に越してきてから妙なことばかり続いて、いい思い出などなかったのでしょう。

ご主人が亡くなった後、残されたご家族はまたすぐに引っ越して行き、住む者のいない家に戻りました。


この発狂する家という噂は町中に広がり、信じられないほど売り値が下げられました。しかし地元の人間は、誰一人として見向きもしません。

ところが一年もしないうちに、東京から来たという一家が引っ越してきました。地元の噂など知らない者にとって、この立派さに加えて新築同然の割に値段があまりにも安かったからなのでしょう。


東京からの一家が移り住んで三ヶ月ほどしたある日。今度もまたご主人が行方不明になりました。

その日もやはり雨だったといいます。

四日後に発見されたご主人も、田んぼの真ん中で発見されました。それも仰向《あおむ》けになった状態で見つかったといいます。

大きく育った稲の中で倒れていたために、発見が遅れたということでした。

嘘か本当か、その両手は握り拳《こぶし》を作って、顎《あご》の上に乗せていたそうです。

その顔はまるで叫び声をあげようとしているかのように口を開けていて、両の拳で塞《ふさ》ごうとしているようにも、いまにも首に縄をかけようとしているようにも見えたといいます。

この一家も、やはりご主人の死をきっかけにすぐにこの家から引っ越していきました。

家の価格はさらに下がり、その金額はサラリーマンでもなんとかローンが組めるほどのものにまでなっていました。

しかしいくら値段が下がったとはいえ、これほどの凶宅に買い手などつくはずはないと町中の誰もが噂し合いました。

私も、家を取り壊して、公園にするのではないかと思っていました。

ところがこの発狂する家に買い手がついたのです。

買い取ったのはなんと、その隣の家のご主人でした。

近所の誰もが驚いて、考え直すようにと説得する人が後を絶たなかったといいます。

しかしその説得の度に買い取った家のご主人はニコニコ笑いながら、まぁなんとかなるでしょう、と、まるで他人事《ひとごと》のように話したといいます。

もちろんその家の噂を知る町中の人は、次の犠牲者の話で持ちきりでした。

それにしてもこの家のご主人は、次々と越してきた一家の主人が死に、あるいは家族が気の病にかかるのを誰よりも間近で見てきたはずだし、隣の家だから夜の絶叫も聞き、雨の日の夜に立つ棟梁《とうりょう》の姿も見ているはずなのに、どうしてあの発狂する家を買い取ったのだろうと誰もが首を捻《ひね》りました。

まったくもってわからないのは、買ったはずの隣の一家が、その凶宅になかなか引っ越さなかったことでした。

買ったにもかかわらず、その一家は、ずっとこれまでの家に住んだままなのです。

これではあの家を買った意味がありませんから、近所の人たちは益々《ますます》何を考えているのだろう？　ひょっとしたら買う前から頭がおかしかったんじゃないか？　などと囁《ささや》きました。

さらに変わったことがありました。

あの発狂する家に神主さんを呼んでお祓《はら》いをしてもらったかと思うと、しばらくするとまた別の神社の神主さんを呼んでお祓いをするということを、四、五ヶ月近くのあいだに、何度も繰り返したのです。

きっと何度やってもお祓いなど意味のないことだったのでしょう。

そして買い取ってから半年ほど過ぎたある日、とうとう、この隣の家の一家は、発狂する家に引っ越したのです。

当然のことのように誰もがご主人の命が何日持つだろうか、と噂し合いました。

酷《ひど》い噂だとは思いましたが、しかしながら私自身もそのことに興味がなかったといえば嘘になります。


一週間、一ヶ月、半年、そして一年経っても一家には特に変わったことはありませんでした。

どうしてこの一家だけが無事なのだろう？

噂とは実に勝手なもので、無事を不思議がるどころか、凶事によるご主人の死にまつわる話ばかりでした。

どうして発狂して死なないんだろう？　という酷い言葉も何度か耳にしましたが、よく考えてみると、立派な家を安く手に入れたことに対する嫉妬《しっと》の心があったのだと思います。

しかし、私自身も、一体ご主人にどんな考えがあったのかは大変興味がありました。


ある日曜日、その理由を聞くチャンスに巡り合いました。

その日ご主人が庭の手入れをしているのを見かけたので、声をかけてみたのです。

ご主人はこの家の噂も、あの松の下に立つ棟梁のこともご存じだったのでしょ？　と訊《たず》ねてみたところ、ニッコリ笑って、ええ知っていますよ、と事も無げに答えてくれました。

だったらどうしてそれを知りながらこの家を買ったのですか？　いやそれより、住んで大丈夫だと思ったのは何故なのでしょうか？

その質問にご主人はこう教えてくれました。

それはね、雨の日に立つ棟梁の気持ちが理由のすべてなんですよ。

はぁ？

変に聞こえるでしょうけど本当です。

もちろんこれまでのことは全部知っていましたよ、隣の家でしたからね。だから毎晩の叫び声も聞こえていたし、一階の部屋の障子越しに光も見ました。

誰もいないのに開いたり閉まったりする障子や襖《ふすま》もうちの庭から時々見ました。たまにですが、松の下に現れた棟梁が、庭に面したガラス戸をすり抜け、障子を開けて中に入っていく姿すら見たことがあります。台風のときなんか、よほど家が心配なのか、家の周りをグルグル歩いて見回っていることとなんかもあったんですよ。

これまでに亡くなった方には申し訳ありませんが、棟梁の人となりを知らないし、この世に残って雨の日に立っている棟梁の気持ちがわからないままに住んでいる。だから、よくないことが起こるんだと思いましてね。

だから棟梁の気持ちを察して上げればよいのだと考えました。それは、なんとかしてこの立派な家を認めて、住みたいという気持ちを伝えてあげることじゃないかなと気がついたんですよ……。

……だからといって、これだけの凶事を見てきたわけだから、やはり怖くてこの家なんか買って住んだりできないでしょ？　だってご自身の命がかかっている話ですよ？　私はさらに訊ねました。

いやいや、だからさっきも言った通り、雨の日に棟梁が立つ気持ちが自分なりにわかったつもりだったからですよ。

そこで、神主さんにお祓いしてもらうときに、家を褒め称《たた》えることと大切に住むことを祝詞《のりと》に入れてもらったんです。それでもね、自分の考えが正しいのか、棟梁が納得してくれるのかどうかがはっきりとわからなくて……。

不安でしたよ。確かにおっしゃる通り、自分の命がかかってますからね。だからお祓いをしてもらった後、雨の降る日を待ったんです。庭から眺めていて雨の日に棟梁が立ったら、これではまだ棟梁にこちらの気持ちが通じていない、棟梁が納得していない、そう思ってまた別の神主さんにお願いしてお祓いをしてもらうのです。まあ、わかりやすくいえば、雨の日に棟梁が立たなくなるまで辛抱強くお願いし続けていたということです……。

そしてとうとう、こちらの願いが通じたのか、納得していただいたのか、雨の日に棟梁は立たなくなりました。それでね、これは棟梁からそこまで言うなら住んでもいいよ、と言ってもらえたんだと私は受け取ったわけです……。

いまもこの一家はその家で無事に暮らしています。

しかし、いまもその家は発狂する家と呼ばれています。

末路

私は地方の小さな町の工務店で働いています。

家を建てたり、あるいは家を壊して更地に戻したりするのが私の仕事です。

やはり土地や家と、そこに住む人とはかかわりが深いですから、他人様《ひとさま》には信じてもらいにくい話が色々とあります。


これは長いあいだ建っていた家を解体して、その土地に新しく家を建て直す仕事を請け負ったときの話なんですけど……。

更地になった敷地に施主さんや関係者一同が集まって、地鎮祭を行ったときでした。

近頃はなんでも記録だ、記念だということで、この最初の段階から写真に収めるということも私どもの仕事だったりします。

そのときは私が撮影を担当しておりました。

神主さんに祝詞をあげていただいているところなど、いろいろと何枚も撮りました。

それらのでき上がった写真をアルバムに入れて施主さんにお渡しするのですが、プリントを確認しているときに、息が止まるような写真がありました。

離れた位置から土地全体を入れ込むようにして祝詞をあげているところを写した一枚に、施主さんの亡くなられた父親、つまり先代の上半身が写りこんでいたのです。

絶対にありえない写真でした。先代は随分前に亡くなられていましたから、こんなものが写るわけがないんです。

その写り込んだ先代は身体だけがうっすらと透けた着物姿で、両手を広げて胸の前で大きな輪を作り、その腕の輪の中に地鎮祭を行っている全員が写っていました。

まるで集まった人たちを先代が抱え込むような感じ、と言えばおわかりいただけますでしょうか。

そんな写真が撮れていたのです。

何年も前に亡くなられた先代が写っていたのにも驚きましたが、それより抱え込んだ関係者一同を睨《にら》みつけている、その顔だけが透けずにちゃんと写っているんです。

そりゃ怖かったです。

写真だけじゃありません、先代の気持ちが怖いんです。優しい方でしたから。自分が長く住んで愛着ある家を解体した関係者を許さない……そう思えましたからね……。

私も関係者の一人ですから他人事ではありません。ですからこの後の作業に入る前も塩やら酒やらで何度も清めて、細心の注意を払いました。おそらくそのお陰で、後の建築作業そのものは事故もなく無事に完了しました。

しかしこの家を見る度に、いくら血の通ったご家族とはいえ、この先はどうなるんだろうと、いま思い出してもぞっとします。

えっ？　写真ですか？　もちろんアルバムになんか入れません。気がついたその場ですぐに燃やしました。

まぁこんな風に仕事柄いつ、どの現場で怖いことに出遭うかわかりません。それに私たちの場合は、ただ怖い思いをするだけじゃなくて、いつ事故や災難として我が身に降りかかるかわかりませんから、作業の合間の昼休みなどに、集まったみんなで食事をしながら茶飲み話のようにして情報交換をし合います。

いやいや、話が面白いからというだけではなくて、お話しした通り事故や災難に巻き込まれないためにも、事前に知っておきたいのです。

次に仕事が決まっているあの土地は良くないとか、あの古い家には昔こんなことがあったとか、あそこの家の裏には井戸があるから気をつけろとか、そういった話を交換し合うわけです。

井戸端の噂話をしているようですが、事前に知っていた情報のお陰で、事故もなく仕事をやり遂げたと思えることが何回もあるんですよ。

そんなことが時々あるので、こんな田舎の小さな町では、地元の工務店しか扱えない仕事が多いんです。

知らない土地でよそ者が仕事をするものではない、というのが私たちの暗黙の了解のようなものです。

なんだかんだいって、事故や災難は本当に命にかかわりますから、まったく洒落《しゃれ》になりませんよ。


さてこういう仕事をしている私がいままでかかわった中で一番怖かった話をします。

いまから二十年くらい前の話でしたかね……。

この町に一軒の金貸しをやっていた家がありまして、いえ商売として店を構えているというわけではなく、見た目は普通の家です。

なんでも戦前から金貸しをやっていたと私の親からも聞いていました。

この家で長く家政婦をやっていたおばさんがうちの母親の知り合いでね、それでこの話を聞かせてもらうことができたんです。

家はお祖母《ばあ》さんとその息子夫婦、それに長男長女の五人家族でした。

ただ長女の方は、結婚されてこの家からは出て行かれていましたから、一家四人でお住まいでした。

小さなことからはじまったといいます。

昼食の後、お祖母さんが庭の方を見て、どちら様ですか？　と声をかけました。

その声で家政婦のおばさんも庭を見ましたが、誰もいません。

誰もいませんよ？　と言うと、当のお祖母さん自身が、あら、本当。いないわねぇ、確かにいまそこに人がいたんだけど、と首を捻《ひね》ります。

最初はおばさんも普通に勘違いだと思っていたのです。

そりゃそうです、黙って人の家の庭に入ってくる人など泥棒くらいしかいませんからね。

ところがお祖母さんは、この日だけで、三度も同じ人を見かけたというので、一体どんな人かと訊《たず》ねると、髪の長い白いワンピースを着た女性だということでした。

やや後ろを向いているので誰かはわからないけれども、なんとなく知っている人のような気がする、とつぶやいていたそうです。

お祖母さんが女の人を見たのは昼から夕方までだったということですから、間違いで迷い込んだ人だと思ったのでしょう。

この女の人を見た日から、ほぼ毎日のように、庭を見てはワンピースの女の話をするようになったので、家族の人はとうとう、うちのお祖母ちゃんもボケがはじまったんだ、と笑ったそうです。

もちろん、本当にボケていたのならば誰もが心配するのでしょうが、それ以外ではとても頭がしっかりしていたので、本気で心配することもなかったかわりに、お祖母さんもボケた、ボケたと言われたくないので、そのうち庭の方を見ても、何も言わなくなったそうです。


そんなことが続いていたある日の夜。

あんた誰？　と、お風呂場《ふろば》からお祖母さんの大声が聞こえました。

おばさんが慌てて風呂場に行ってみると、お祖母さんが裸のまま浴室の扉を開けっ放しにして立ちすくんでいました。

その様子を見て、風呂場に誰かいましたか？　と声をかけると、はっと我に返って、なんでもないの、と言って、何かを誤魔化したような感じだったそうです。

庭の女の次は、毎日風呂場からお祖母さんの大声が聞こえる日々がはじまりました。

その声も、誰っ？　という短い叫び声から、出て行きなさい！　だとか、何しに来るの！　という言葉に段々と変わっていくので、おばさんも気にして何度も、誰がいるんですか？　と訊ねましたが、いなくなるからなんでもないよ、と答えたそうです。

お祖母さんがいよいよ変になってきたと家族が思いはじめたころ、全員で食事をしている最中に奥さんが振り返って、いま誰か通った？　と言いました。

さぁ誰もいないんじゃないの？　とご主人が言いましたが、奥さんは納得ができないらしく、廊下の方まで見に行って首を捻りながら帰って来て、変ねぇ、確かに通ったんだけど……、と、今度は奥さんも何かが見えると言いはじめました。

しかし奥さんはお祖母ちゃんのように冗談でもボケてきたと言われたくなかったのか、みんなのいる前では何も言いませんでした。ただ家政婦のおばさんにだけは、お祖母ちゃんと同じなの……。白い……女が廊下を通り過ぎたり部屋の中に立っていたりするんだけど、あなたには何も見えない？　と聞いたことがあったと言います。


ある夜奥さんがお風呂に入っているときに家政婦のおばさんが風呂場の前の廊下を通ると、ふっと鼻に風呂のにおいがしました。普段はたとえ風呂場のそばにいても廊下にまでにおうことなどないので、どうしたのかしら？　と思って脱衣場を覗《のぞ》くと、浴室の扉が開いて中から湯気が出ています。

浴室の扉を開けっ放しにしてお風呂に入ってるわけがありませんから、胸騒ぎがして中を覗いてみると、こちらを見つめている奥さんと目が合いました。

湯船に浸《つ》かったまま、もの凄《すご》く大きく目を見開いて、こちらを見つめているんです。しかもお湯に浸かっているというのに歯をカチカチと鳴らしながら……。

おばさんは一瞬で、自分の立っているところにいままで誰かいたんだと思ったそうです。

ど、どうかなさいましたか？　と声をかけると奥さんは、はっと我に返って、いまそこに、白い……と言った後、いいえ、なんでもないとすぐ打ち消したといいます。

お祖母さんや奥さんだけでなく、しだいにご主人も息子さんも揃って、ハッと廊下を見たり庭を見たりして顔色を変えるようになったそうです。

このころになると、家の中からすっかり笑顔がなくなり、誰もお祖母さんをボケているなどと言うことはなくなりました。


ある朝、食事の席にお祖母さんが来ないので、体調でも悪いのかと思っておばさんが様子を見にいきました。

お祖母さんの部屋に入ることが許されているのは、おばさんだけだったからです。

部屋の前まで行くと、障子が少し開いています。

几帳面《きちょうめん》なお祖母さんの性格からいって、ありえない光景でした。

心配してそっと中を覗いてみると、乱れた布団が見えました。

でもそこにお祖母さんがいません。

慌てて部屋に入ってみると、その姿に息が止まったと言います。

お祖母さんは床の間の隅で膝《ひざ》を立てるようにして座って、一体何を見たのか、目をむいて天井の一点を見つめ、大きな口を開け、両手で頭を抱えてるのです。

大丈夫ですか？　と触れたその身体は、すでに冷たくなっていました。

お祖母さんの葬式はとても立派なものでしたが、弔問客は意外なほど少なかったそうです。


次は息子さんの話です。

この話は、この家の息子さんと一番仲の良かった友人が、うちの息子と友達だったので聞かせてもらうことができました。


お祖母さんの四十九日が明けたすぐの日曜日でした。

息子さんはバイク友達と一緒に秩父《ちちぶ》の方へ、朝早くから日帰りでツーリングに出かけたのだそうです。

昼近くになったので、峠道の途中で休憩をとっていたときのことでした。

息子さんが、急に気分が悪くなったからここまで来て申し訳ないが、家に帰りたいと言ってオートバイのエンジンをかけました。

周りの友人たちは、調子が良くないのならもう少し休んでから帰ればどうだ、と声をかけましたが何も言わず、まるで突然用事でも思い出したかのように急いで帰っていったそうです。

夜になって、息子さんと一緒にツーリングに出かけた、一番仲の良かった友人の家に電話がありました。

この電話をもらった友人というのが、うちの息子と友達なわけです。

電話は例の家のお母さんからでした。

まだ息子が帰って来ていないのだけれど、何か事故や故障でもあったのでしょうか？

という問い合わせの電話でした。

彼は、そんなはずはないですよ、と言って昼間ツーリングの途中で帰った話をしました。

しかし、まだ自宅に帰っていないうえに連絡もないんです、と言います。

とはいえ、あの昼近くの時間に自宅に向かって帰ったのだから、どんなに遅くても夕方までには帰り着いているはずです。

彼は電話を切った後、身体の気分が悪いとか言ってたけれども自宅に帰ってないのなら、まぁどこか女のところにでも立ち寄って休んでいるんだろう、くらいにしか思わなかったそうです。

翌日、警察から昨日の事情を聞かせて欲しいということと、一緒にツーリングに出かけた人たちの名前と連絡先を教えてもらえませんか？　という電話が入りました。

恐らく自宅から捜索願が出されていたのだろうと思いました。

警察に状況を説明し、仲間の連絡先を教えた後で、ほかの連中に聞いても、自分と同じことしか話すことはありませんから、発見の手がかりにはならないと思いますよと答えると、なんと、あの家の息子さんが遺体で発見されたと言います。

びっくりして、えっ？　どうして？　どこでですか？　事故か何かですか？　と聞きました。

そりゃ昨日一緒だったわけですから、事情を聞かせて欲しいのは彼の方でしょうね。

警察の話によると、朝バイクが奥秩父方面で発見され、そのすぐ近くの森の中で遺体となって発見されたということでした。死因は恐らく心筋梗塞《こうそく》のようなものだろう、ということでした。

えっ？

場所が変だと思ってバイクが発見された場所を詳しく聞くと、そこは最後に別れた休憩場所よりもずっと先の奥秩父方面の路肩だということでした。

あいつは仲間と休息の後、確かに自宅方面に向かって帰って行ったはず……。それがどうして逆方向の奥秩父で見つかったのか？　わけがわかりません……。帰る途中で気が変わって自分たちを追いかけて戻ってきたのなら、途中で路肩にバイクを停めて森の中に入っていった理由はなんでしょうか？

そう訊《たず》ねると、何か故障でもしたのかもしれません、参考になりました、と礼を言われてさっさと電話を切られました。

彼は電話を切った後も何かすっきりしません。

警察の言うように途中の路肩にバイクが停めてあったのなら、帰りは行きと同じ道を通ったのだから、なぜ自分たちは帰り道でそれに気がつかなかったのだろう？

どうしても、路肩のバイクを見落としたとは考えにくかったのです。

自分一人だけならともかく、ほかに仲間が何人かいましたから、全員が路肩に停めてある彼のバイクに気がつかないはずはないんだけれども……。

それにしても警察は何が聞きたくて電話をかけてきたのだろう、と彼は首を捻《ひね》ったといいます。

彼は葬式の後でツーリングに行った仲間と喫茶店に入りました。

やはり全員に、警察から問い合わせの連絡が入っていました。

話をしているうちに、まるで裏取りでもするように一人一人が全員の名前と連絡先を聞かれたということもわかりました。

誰かが、おかしな死に方でもしたんじゃないのか？　と口にしたそうです。

ここからはまた家政婦のおばさんの話になります。

亡くなった息子さんに対するご両親の悲しみはかなりのものだったそうです。特にお母さんの悲しみは深く、息子さんの死を何かの因縁のように語っていたといいます。

最初はおばさんも、なぜそんな因縁に結びつけるような話をするのかよくわかりませんでしたが、息子さんの死に方を聞かされたときに奥さんの言いたかったことがわかったのです。

遺体は停めたバイクからほんの三、四メートル森に入った木の下で発見されたといいます。

ところがどうやったらそんな死に方になるのか、大きな口を開け、両手で頭を抱えて、木を背にしたまま両膝を折りたたんで死んでいたといいます。

しかもどういうわけだかその遺体は、まるで固まってくっついているように、死んだときの姿勢を崩すことができず、運び出すときにいくら体を真っ直ぐに伸ばしても、なぜか体が縮みあがるようにして元の、両膝を曲げた姿に戻ったそうです。

息子さんの四十九日の法要が終わったその日、この家の奥さんが交通事故に遭われて、両手両足を骨折する重傷を負われました。

どういうわけか家からふらふらと車道へ飛び出して車に撥《は》ねられたそうです。

しかも、両手両足の骨折だけでなく、もともと糖尿病を患っていたために、その治療は大変だったということでした。


当時、私も耳にしましたが、流石《さすが》にこれだけ短期間に不幸が重なると、近所の人たちも盛んにこの家の噂をしました。

昔からの酷《ひど》い取立てのバチが当たったのだという噂でした。


広い家にただ一人残されたご主人は、家政婦のおばさんに住み込みで働いてくれないか、と言ってきたそうです。

おばさんは私にも家族がありますから、という理由で断ったそうですが、そのご主人の頼み込む姿はまるで何かに怯《おび》えているかのように見えたといいます。

ご主人は昼間、奥さんのつき添いで病院にいましたから家にいませんが、帰宅した後、特に夕食を終えた辺りからソワソワしはじめて、部屋のあちこちを見ては急に目をそむけるということを繰り返したり、変にビックリしたような声を上げたりしたのだといいます。

奥さんが入院されてひと月ほどしたある日のこと。

この家ではどうしてこんなに知らない人の幻が沢山見えるんだろう？　とご主人がつぶやきました。

どうして幻なんですか？　とおばさんが訊ねると、全部後ろ姿ばかりではっきりしないし、すぐに消えるんだよ、と言ったそうです。

半年ほどして奥さんがようやく自宅療養ができるまでに回復されたので、ご主人が病院まで車で迎えに行ったその帰り、交通事故に巻き込まれて、今度はご主人が病院に担ぎ込まれました。

なんと奥さんは無傷なのに、ご主人は両手両足の骨折事故でした。

そのご主人も奥さんと同じように糖尿病でしたから、やはりその治療は大変だったそうです。

家政婦のおばさんの仕事は、ご主人と入れ替わるようにして自宅に帰ってきた奥さんの、身の回りの世話になりました。

帰ってきた奥さんのやつれ具合はかなりのものでした。

入院しているときはご主人の代わりに何度もつき添いをしましたが、病室にいるときはここまでやつれているとは感じませんでした。それが退院が近づくにつれて、徐々にやつれはじめたそうです。

おばさんは自宅療養中の奥さんに気を遣って、身の回りのお世話が必要なとき以外はなるべくそっとしておくように心がけていましたが、ご主人のつき添いを終えて、病院から家に帰ると、待っていたかのように寝室にいる奥さんから、やたらとお呼びがかかりました。

そのほとんどはただの話し相手でした。

このままでは家の中の用事が片付かないので、テレビでもご覧になりませんか？　と話しかけると、ほかのことはどうでもいいからこの部屋にいて欲しい、とお願いされたといいます。

その顔は、ただ話し相手のお願いをしているようには見えなかったそうです。

とはいえ、このまま寝室にずっといるわけにもいかず、困りはてていると、それを見た奥さんはしばらく黙って、……一人だと、色々な人がここにやってくるの……、とつぶやきました。

おばさんは、奥さんのそのつぶやきがご主人と同じだったので驚いたそうです。

色々な人ってどんな人がやってくるのか訊ねると、遠い昔でも思い出すかのようにボンヤリとした顔で、白いワンピースの女、ハンチング帽を被《かぶ》ったおじさん、小学生の子供を連れた夫婦、腰の曲がったおじいさん、頭が真っ白で着物の乱れたお婆さん……。

しかもみんな後ろ姿で現れるのだと話すのです。

おばさんはいままでほとんど気に留めていませんでしたが、そういえば入院する前のご主人の独り言で、何度か耳にしていた言葉が〝後ろ姿〟だったことを思い出しました。

しかしおばさんには何も見えないし、何も感じるわけではないので、きっと夢か気のせいですよ、と答えることしかできなかったと言います。


半年ほどしてご主人の退院する日が決まりました。

その日をよほど楽しみにしていたのでしょう。退院の日が近づくにつれて奥さんは家の中でも笑顔を見せるようになって、帰ってきたら主人の身の回りの世話はなるべく私がやりますからね、と、おばさんに言ったそうです。


ところが、ご主人が退院して十日ほどしたある日、奥さんが急死されました。

おばさんが朝食の用意をし終えても奥さんが起きて来ないので、寝室に様子を見に行ってみると、また障子が少し開いていたのです。

まさか……。

お祖母《ばあ》さんの亡くなったときのことが頭をよぎったといいます。

すぐに部屋に入ってみると、盛り上がった布団から出ていた奥さんの顔に驚きました。目や口が、ありえないほど大きく開いて、そのせいか顔がゆがんでいて、ひと目で亡くなっているとわかったそうです。

大変だとばかりに大きく盛り上がった布団をどけてみると、奥さんは天井を向いたまま、布団の中で両手両足を縮めて、まるで生まれたばかりの赤ん坊のような格好でした。

奥さんの葬儀からしばらくして、まるでその後を追うようにしてご主人も亡くなられました。

布団の中で眠ったままの姿で、息をひきとっていたそうです。

わずか二年で、この一家四人全員が亡くなってしまいました。

おばさんは、ご主人の葬儀の際に、嫁いでいった娘さんから相談を受けました。

誰もいなくなったけれども残された家のために、時々空気の入れ替えや掃除などをお願いできませんか？　というものでしたが、流石にお断りしたそうです。

この家でのお勤めを終えた後で、おばさんからこの話を聞かせてもらったわけですが、私は聞いている途中からどんどん怖くなっていくのに、平気な顔をして話すおばさんが、何か信じられないような気持ちになりました。

怖いとか気持ち悪いとか、何も感じなかったのですか？　と訊《たず》ねると……。

そりゃ、これだけ短い期間に次々と亡くなられていくのを見ていたら、いくらこの家とは関係がないと自分に言い聞かせても気味が悪かったですよ、と言います。

だから……、と口を濁したので、さらに訊ねると、娘さんからこの家の世話だけ見てくれないかとお願いされたときに、家族が誰もいなくなったんだから、もしかしてこの家で次に何か見るのは私かもしれないと思ったら怖くなって……。そう言っておばさんは苦笑いをしました。


実は私がわざわざ家政婦のおばさんや息子の友達にお願いしてこの話を聞かせてもらったのにはわけがありました。

住む者のいなくなったこの家を娘さんが売りに出したのです。

ところが、いくら立派な家とはいえ築年数の古い木造の家でしたから、買い手などつくはずがありません。

何よりも、この家は〝呪われた家〟として町中の多くの人が知っている噂の家でしたから、その後、長いあいだ放《ほ》ったらかしになっていたんです。

家も一種の生き物なので、誰も住まなくなって空気が入れ替わらないと下から湿気が上がって、割と短いあいだに手がつけられないほど傷みます。

買い手がつかないのならば……、と解体して跡地を駐車場にすることになったのです。

……それで、この家の解体作業が回り回って、最終的に請け負ったのが私の工務店でした。

もちろんこの家の噂は、作業の休憩中にしょっちゅう聞いていた話でしたから、一応知った上で引き受けました。……まあ、誰かがやらなければならない仕事ですし……。

とはいえ腹積もりもありますから、噂がどこまで本当のものかと、家政婦だったおばさんに聞いてみたのですが、すべて話を聞いた後、正直、引き受けるんじゃなかったと後悔しました。

長々とすみませんね……。

この家の解体というやつはただ何も考えずにユンボを入れてバラバラにすればいいというわけではないんですよ。

本当に調べなければならないのは、噂じゃなくて家本体です。

家の構造をよく調べて解体の手順を考えないと、事故など危険のないように作業ができませんし、工事にも期限がありますから効率も考えなければなりません。それに壊した後の廃材の搬出まで考えなければなりませんから……。

うちの工務店だけでは期間中の解体が難しかったので、友人の工務店にも入ってもらうことにしました。

うーん、正直うちだけですべてを請け負うのが怖かったことも多少ありました。

当たり前ですが、家の構造を調べるためには家の中に入らなければなりません。

入りたくなかったんですよ、一人で……。

それで友人とこの家に入ったのですが、玄関に入るといきなり友人が私の背中にもたれかかってきたので、ふざけるんじゃない！　と言って顔を見ると、友人の顔から血の気が引いています。

どうしたんだ？　と訊ねると、足元を見ながら、ここはコンクリだよな、と妙なことを言って踏みしめます。

バカ！　当たり前じゃないか、何言ってんだ、と言うと、いや、そうじゃないんだ、一歩入ったときからまるでスポンジを踏んでいるみたいに足がズブズブと沈んでいく感じがしたんだよ。気のせいかと思って二、三歩歩いた途端にバランスを崩して倒れそうになって……。いや、すまんかった。

まあ……こんなこともあろうかというか、頭から友人に逃げられたら困るので、家政婦のおばさんから聞いた話は誰にも話していなかったんです。いや、もちろん友人もこの家の噂は知っていましたが、まさかここまで凄《すご》い話だとは知りません。きっと全部話すと引き受けてくれないんじゃないかと思いましたから内緒にしていました。それだけにこの話を聞いても、ふざけるなとか、バカじゃないのか、とか言って誤魔化した次第です。

とはいえ、私は心の中で〝来たか〟と思いましたね。

気にしないようにして家の中に入って間取りや柱、壁などの位置や状態を丹念に調べあげていきました。

その最中のことでした。

廊下を行き来する度に友人が振り返るので、今度はなんだ？　どうしたんだ？　と訊ねると、L字型をした廊下の角のガラス戸から人の顔が覗《のぞ》くんだ、と言います。

ガラス戸の向こうは閉め切られたままの雨戸です。

そんなはずはないだろう、勘違いか錯覚だよ、と言い返すと、錯覚で同じ顔を何度も見たりするもんか、それに錯覚の顔が表情を変えたり、瞬《まばた》きをしたりするのか？　と言ったまま黙ったのです。

こりゃいかん。早く終わらせてこの家を出なければ、友人に逃げられてしまう、と考えはじめていました。

そして調査もほどほどに玄関まで戻ろうとしたときでした。

後ろから、パンッ！　という凄い音がしたので振り返ると、廊下の一番奥の障子が全開になっていたんです。

おばさんの話の通りなら、そこはお祖母さんの部屋です。

うわっ！　と二人揃って慌てて外に出ました。

さて、解体作業に入る前には、一応作業する全員で家の中に入って確認します。

私も友人も今度は十人近くの人がいるので、まぁ大丈夫だろう、と一緒に中に入りました。

人数のおかげか、このときばかりは何事もなかったので早めに検分を終わらせて、早速解体作業に入ったのです。

友人のところの若い者がユンボを操って屋根から崩しはじめたのですが、時々作業を止めては顔を出すので、どうしたんだ？　と聞くと、作業中のユンボの周りには誰もいないはずなのに、気がつくと、すぐ側に誰かの影が立つのだと言います。

私は、そんなものは気のせいだから、と作業を続けてもらいました。

ところがその後も操縦席から顔を出して気味悪がるので、仕方なくうちの若い者に交代させてユンボを操らせました。しかし交代した理由を知らないうちの者も、さっきの若い者と同じように作業を止めては首を捻《ひね》るのです。

初日からいきなりこれです……。

このままではダメだ、と私はすぐさまコンビニに走って、粗塩とカップ酒を何個か買ってきて、盛り塩をしたり、お酒を供えたりして、もう必死にやりました。

作業の期間中、毎朝仕事前にこれを続けたせいか、この後は何事もなく無事に解体を終えることができたのです。


すべての作業を完了した後に、打ち上げの席を設けましたが、みな口々に気味が悪かったと言います。

何があったんだ？　と訊ねると、作業前の家の検分のときに角のガラス戸の向こうに顔を見たという若い者が五人もいました。

それだけではありません。

その中の一人が、この亡くなられた家族とつき合いがあったらしく、ガラス戸から覗いていたのは亡くなったご主人だったから、息が止まるほど怖かったと言いました。

そのうえ、彼がユンボを操っているときに、ミラーの中にこの家のお祖母《ばあ》さんを見たと話しはじめると、少しずつ酒の席が静まりかえっていったのです。

そんなことがあったのか……と思っていたときです。

視線を感じたのでふと顔を上げると、友人と目が合いました。

その顔には、変な仕事を紹介しやがって！　お前知っていたんじゃないのか⁉　と書いてあります。

何か詫《わ》びでもしないと話がこじれそうな気がしたので、後で駐車場作りなどの簡単な作業を紹介するはめになりました。


これでこの家とはもうかかわりがないだろう、と思っていた矢先のことです。

別の現場に出しているうちの若い者から仕事の相談を持ちかけられました。

彼には、ある家の塀をつくりに行ってもらっていました。一体なんの相談かと思っていると、作業中に変なことがあるのですが、何か知りませんか？　というものでした。

私としては、塀くらいの単純な仕事で何を気にすることがあるのか？　くらいにしか思っていませんでしたが、施主さんの名を聞いてぞっとしました。

あの家の娘さんの嫁ぎ先だったのです。

詳しく話を聞かせてみろ、と言うと、彼はこんなことを言いだしました。

作業をしている最中に妙な視線を感じてあたりを見回すと、身体全体が隠せるはずもない太さの電柱の後ろから白いワンピースの女性が覗いていたり、いまどきでは不自然なほど古い着物を着た白髪のお婆さんがいきなり通り過ぎて行ったり、振り返るといつも同じ親子が立っていたりすると言うのです。

彼の見る人、見る人が家政婦のおばさんから聞いていた人たちと同じだったので、全身に鳥肌が立ちました。

一家が全員死んでしまってさらに家までなくなったので、今度は娘の家にまで来たのかと思ったのです。

なんとか誤魔化そうとして、気にするな、大体そんなものは、日頃見慣れない人をたまたま見ただけだ、と話しました。

ところが、彼は毎日同じ人が同じ場所に現れるのは変じゃないですか？　それに顔だけがなんとなくぼんやりしていて、怖いんです。噂だとこの家の奥さんってあの一家全員が亡くなった家の娘さんなんでしょ？　と切り返されたんです。

知っていたのか……。

私は少々焦りましたが、自分のところの若い者にまで内緒にしておいて、事故でも起こされては大変なので、知っていることを全部話しました。

彼は鳥肌を立てたり、顔から血の気を失ったりしながら聞いていましたが、あまりに怖かったためか、最後にはとうとう涙を流しはじめたのです。

どうすればいいんでしょう……？

う……ん……そうだ！

私はあの家の解体のときに塩と酒で清めた後、何も起こらなかったということを思い出して、試してみろと財布からお金を出して彼に渡しました。

彼は喜んで早速明日から試してみます、と答えて、やっと笑顔を取り戻してくれたのです。

やれやれと思ったときに、奇妙なことが気になりました。

さっきの話からすると、見た人たちはどうして敷地内じゃなくて、道路側にばかりいるんだ？

私が首を捻っていると、彼は思い当たるような顔をしたのです。

ひょっとして入れないいんじゃないですか？　入りたくても……。

どうして？

だって、気のせいかもしれませんが、みんなつくりかけの塀の外から中を見ているような気がするんですよ。まるで、覗いているかのように……。なんとなく、この塀さえなければ入っていけるのに、という感じがするんです。

……なるほど……そもそも塀は外からよそ者を入れないようにするためのものか……。

私もなんとなく納得しました。

普通なら簡単に乗り越えられますし、そもそも門に当たる部分は開きっぱなしなのですが……。やはり、この世のものではない人にとってはむずかしいこともあるんでしょうね。

それにしてもあの一家は昔から金貸しをやっていたと聞きましたが、一体これまでどれほどの恨みを抱えて来たのでしょうか？　いや、それよりどうして急に次々と亡くなられたのでしょうか……。


こんな話が地方には時々あるので、大きな工務店が地方に出張《でば》って来ないんでしょうかね？　ひょっとしたら知らずに手を出すと大変なことになるのを知っているんじゃないでしょうか？　その土地土地の仕事はやはり地域密着型でないと対応できないものもありますから……。

きっとこうしたことのお陰で、私のところのような小さな工務店も生き残っていけているのかもしれません。

怖いなんて言ってばかりもいられないですね。

ふたり

僕の彼女の話を聞いてもらえませんか？　とっても変わった体験をしているんです……。

そう言われて隣に座っている女性を紹介されました。

ほら、ほかの人に聞いてもらうだけでも気が楽になるから……。

しばらく彼女はうつむいていましたが、コクリと頷《うなず》くと顔を上げてゆっくりと話しはじめました。


私の体験は小学校二年生のときからはじまるんです。

それは冬のとても寒い夕方でした。

風が強くて、窓がガタガタとうるさいくらいの音を立てているのを、いまでもよく憶《おぼ》えています。

お母さんは買い物に出かけたので、自分の部屋から出た私は居間に入ってテレビでも観ようとスイッチをつけました。そこへ、いきなりガラガラガラッと玄関の開く音が聞こえたんです。

急に戸の開く音がしたので、あれ？　変だなと思いました。

玄関の鍵《かぎ》を開けるときに聞こえるはずの大きな音がしなかったからです。

お母さんが買い物に出かけてすぐだったので、鍵をかけ忘れたのかなと思いました。

お母さん？　と玄関に続く廊下に出て動けなくなりました。

戸が開いていて、そこに真っ赤なドレスのようなワンピースを着た女の人が立っていたのです。

肩まであるその髪は、まるで長いあいだ洗っていないようにバサバサしているのに、ヌラヌラ光って、顔は髪でよく見えませんでしたが、ドレスと同じ真っ赤で大きな唇が凄《すご》く楽しそうに笑っていました。

もちろん、初めて見た女の人です。

あの……お母さんはいま、買い物に……、と言ったときでした。

その女の人がゆっくりと右手を高く上げたのです。

その途端、私は思いきり前に引き倒されて廊下にうつ伏せになりました。

起き上がろうとしたのですが、身体の自由がきかず、倒された格好のまま、勝手に女の人に向かって廊下を滑っていくんです。

私からすれば、赤い女の人が近づいてくるように感じました。

凄く怖いから見たくないと思うのに、近づいていくほどにその女の人の顔から目が離せません。

そのうえ、私が近づいていくと、赤い唇がゆっくりと横に伸びていくんです。

三和土《たたき》に落ちる寸前まで近づいたときに、私は大声で泣きだしました。

そのときです。

開きっ放しになっていたはずなのにカチャカチャガタンッという大きな音とともにガラガラッと戸の開く音がして、冷たい風がもの凄い勢いで私の顔に当たりました。

はっとして前を見ると、そんなに時間がたっていたはずはないのに、買い物から帰ったお母さんが立っているのです。

ただいま。うー、寒い寒い。あら？　何やってるのこんな寒いところで？　顔がビショビショよ。寂しかったの？

台所に行くお母さんを追いかけるようにしながらいま見た怖い女の人の話をしましたが、何言ってるの？　こんな寒くて風の強い日に、ドレスみたいなワンピースひとつで外に出る人なんていないでしょ？　それにお母さんが帰ったとき、ちゃんと鍵がかかっていたわよ、眠っていて夢でも見たんじゃないの？　とまるで相手にしてくれません。

そうなのかな……。

まだ倒されたときにぶつけた体もほっぺたも痛いし、あんなに怖かったのに。

でも確かに、この寒さでワンピースは変だし、外は凄い風なのにあの女の人の服も髪の毛も全然動いていなかったし……でも、玄関が開いていたのに、入ってきた風で寒かったという覚えもない……それより閉まったところを見てもいないのに、鍵の音がして玄関の戸が開いたのはどうして？


もちろん、私にとってこの女の人は夢じゃありません。だって、その年の冬だけで、三度も同じ目に遭ったんですから……。

それにその赤い女は夏にも五回くらい玄関に現れたんです。だから、本当のことにしか思えないんです。

この女は家の中に私が一人のときに現れました。そして家の中のどこにいても何に摑《つか》まっていても、必ず玄関前に引っ張り出されたんです。

一人とはいっても、それはお母さんが買い物に行ったときに限らず、庭で洗濯物を干しているときでさえ現れました。

中でも一番怖かったのは玄関先のすぐ外でお母さんが近所のおばさんと話しこんでいる最中に現れたときでした。

その赤い女の向こうでお母さんとおばさんが立ち話をしているのが見えているのに、私に気づいてくれないんです。いくら助けを呼びたくても、怖くて涙まで流して泣いても、声が出せないんです。

そして最後はいつもお母さんがその女と入れ替わるように、目の前に立って終わるのです。

ところが不思議なことに、小学校四年生くらいにもなると私はこの女が当たり前のようになり、気味が悪いとは思いましたが、怖さがなくなっていました。

確かに嫌なことなんですが、女が現れるということはもうすぐお母さんが帰って来ることでもありましたから、一人が寂しかった私は段々慣れていったのだと思います。中学校に入学してからの一年間は現れることはありませんでした。

結局初めて見たときから中学生になるまでの五年間続きましたから、五十回近くその赤いワンピースの女を見たと思います。

辛《つら》くなったのはその後でした。

それは中学一年生がもうすぐ終わるという冬でした。

夜寝ているとおなかの上にドスンともの凄い重みを感じ、びっくりして目を覚ますと、おなかの上にあの女が正座しているんです。

しかも今度は、真っ白いワンピースを着て……。

その髪の毛も雰囲気も小学生のときに見たあの女とまったく同じで、違うのは私の部屋に現れたことと、ワンピースの色が変わったことだけでした。

いえ、真っ暗なのに手も足も見えましたから、身体中が光っていたのかもしれません。もう見慣れていたはずだったのに、目の前で見るゆっくりと横に広がっていく赤い唇が怖くて耐えられず、声も出せないまま涙をボロボロ流し続けました。

どれくらい経ったでしょうか？　突然玄関の方から、ガラガラガラッと戸の開く音が聞こえた瞬間、ふっと消えたのです。

後にはへこんだ布団と重かったという体感だけが残っていて、起き上がってみると冬なのに身体中から汗が噴き出ていました。

落ち着いてくると、不思議なことに気がつきました。お母さんは寝ているのに聞こえてきた玄関の開く戸の音だったのです。

確かめに布団から出て玄関に行ってみると、戸は閉まっていて、ちゃんと鍵までかかっていました。

よくわからないけれど、とにかく玄関の音に救われたんだ。

安心したと同時に、背中にぞくっと冷や汗を感じました。

まさか、また続くの？　と思ったからです。

嫌な予感は当たりました。

その後、月に一度は必ずその女が私のおなかの上に乗るようになりました。

なんとかしたくて、そろそろ現れそうだと感じはじめた日から、毎日電気を点《つ》けて明るくして眠らないようにしていましたが駄目でした。

いつの間にか眠っていて、ドンとおなかに乗られて目を覚まします。するとなぜか必ず部屋は真っ暗なのです。

そして玄関の開く音で女がいなくなったと思ったら、部屋が明るい……。これの繰り返しでした。

机に座っていれば、眠っていても現れませんでしたが、毎日のこととなると根負けして続きません……。


鏡を片付け忘れて、机の上に立てっぱなしにしていたときでした。

いつものように上に乗られて、苦しくて横を向いたとき、机の上の鏡が目に入りました。

鏡の中では真っ白な柱のようなものがおなかの上に立っていて、その光が白く反射して部屋の中をぼんやり照らしているんです。

私の目の前は女なのに……。

鏡に映っている姿との違いに、ゾッとしたのをいまも忘れられません。

それからは自分の部屋に鏡を置けなくなりました。

いくら小学生のときから見ていた女でも、自分の上というか、目の前に現れる怖さにはどうしても慣れることはありません。

せめてもの救いは、現れている時間がほんの三秒や五秒のように短く感じたことくらいでした。

お母さんには話しませんでした。小学生のときにいくら話しても取り合ってくれなかったからです。

この女の人は中学から高校生までのあいだ、ずっと現れ続けました……。

友人に泊まってもらって、助けてもらうことも考えましたが、月に一度でいつ現れるのかわからないのでは、それもできませんでした。

……私はこの女から逃げたくて、四年前、高校を卒業するとすぐに東京へ出て就職したんです。

その仕事先で、偶然いまの彼と出会いました。ひと目見た瞬間、この人だと思ったんです。

実家にいたころの私は、お母さんにきつく言われ続けていたので、彼氏を作らないようにしていたんです。

その理由なんですが……本当にそんなことがあるのかよくわからないんですが、お母さんから聞いたことをそのまま言うと、うちの家はとても女が強い家系で、男は家に根付かないっていうんです。親戚《しんせき》に女の子しか生まれず、たまに男の子が生まれても早く亡くなるって……。

確かに私の父は、私が生まれてまもなく、亡くなっています。それに、私の親戚は女ばかりなんです。

とにかく、昔からうちの家系は、結婚してもすぐに離婚するか、旦那《だんな》さんがすぐに亡くなるんだといいます。

それで、お母さんから、男の人とつき合うと、最後は必ず相手が可哀想なことになるから……、家系のことがちゃんとわかるまではむやみにつき合わないで、と言われ続けてきたんです。

こうした理由からなのかわかりませんが、お母さんも親戚も生前の父のことについて何度聞いても話してくれませんでした。

彼と出会って私の世界は一変しました。

東京に出てきたことで、私は田舎の重く暗い空気や思い出からやっと解放されたみたいで、毎日が明るく楽しかったのです。

そして彼と出会ってから、もうお母さんの話なんかどうでもよくなっていました。

彼とつき合いはじめて、しばらくすると会社からリストラされて寮を追い出されてしまったので、行き場のなくなった私は、新しい仕事が見つかるまで彼の部屋で一緒に暮らすようになりました。

そして、いまの職場で働くようになったのですが、私はそのまま彼の部屋に同居し続けています。

彼との初めての二人の生活というのは、ずっと一人で寝ていた私にとって、とても新鮮なものでしたから離れたくなかったんです。

実家から離れたこともありますが、赤い女の心配もなくひとつの部屋でゆっくりと寝られることで、やっと幸せになれたと実感できました。


ところが同居をはじめて二、三ヶ月過ぎた辺りのことでした。

慣れない仕事でとても疲れて帰って来て、そのまま寝たときです。

突然、身体に両手両足がピタリとくっついて、まるで布団の中で真っ直ぐ〝気をつけ〟の格好をさせられたので、目が覚めました。

部屋の中はシーンと静まり返っています。というよりも音そのものがないんです。いつもなら多少なりとも車の通り過ぎる音や遠くに電車の通過する音が聞こえるのですが、まるで耳鳴りが邪魔するような感じで何も聞こえません。

なんとか動こうとしているうちに首から上だけが動くことに気がつきました。上を見たり横を見たりしていると、自分が畳よりほんの少し下に沈んでいることに気がつきました。

身体が動かないまま布団ごと畳の下にゆっくりと沈んでいくんです。

なんとか身体を動かそうとしているときに壁掛け時計が見えました。

ひょっとしたら顔を動かしているうちに、何か怖いものを見てしまうかもしれない、と思った私は、この時計の文字盤だけを見るようにしました。

一分、二分、三分過ぎた辺りで、まるできつく縛ってあったロープが切れたかのように、身体の自由が戻りました。

起き上がると、いつもの部屋でした。気がつくと、音も戻っていました。

ところが、その後も毎日毎晩、昨日の夜までずっと同じ夢が続いているんです……。

身体が布団と一緒に少しずつ沈んでいく夢が……。

最初に体験してから、一週間ほどして変なことに気がついたんです。

毎日沈んでいく深さが、少しずつ少しずつどんどん進んでいくんです。

初めのうちはそんなに気にしないようにしていましたが、一ケ月、三ケ月と経っていくと深さだけで怖いんです。もう……。

一人で悩みを抱えながら一年もすると、沈み込んだ真横はもう真っ黒い壁になってしまいました。
二、三年で私の真上には布団の形をした四角い窓が開いているように見えるほどに、天井は遠ざかり、いつのころからか壁掛け時計も見えなくなっていました。
そんなある夜、身体が動かなくなったとき、あ、はじまった、また沈んでいくんだ、とぼんやり考えながらいつものように頭を横にして、沈んでいきながら見える黒い壁を眺めていました。

そのとき、ドンと音がして、畳の縁《へり》に裸足《はだし》の足が立ったのです。

反射的に見上げると、女が立っていました。

あの女だ！

忘れていたあの白いワンピースの女が立っていて、私を見おろしているのです。

全身に鳥肌が立ちました。

私はこのとき、初めて死ぬと思いました。

やがて女は、沈んでいく私の畳の周りをゆっくりゆっくりとぐるぐる歩き回りはじめるのです。

布団が随分深く沈んだ辺りで女は、歩くのを止めたかと思うと突然、畳の縁に屈《かが》んで、下を覗《のぞ》き込んだんです。

それはまるで井戸の底にいる私を覗いているように見えました。

小学生のころずっと見ていたときと同じように、私はその女から目を背けたり、目をつぶることができません。

額からあぶらのような汗が流れているのがわかりました。

やがて、覗き込んだ女の唇が横にニヤッと長く伸びた瞬間、鳥肌が立って目覚めたのです。

布団も身体の自由も戻り、女は消えていました。

どうして？　あの女は実家にしか出なかったはずなのに……、私を追っかけて来たの？

布団が沈むのは毎日なので、あの女も毎日現れるかもしれないと思うと、眠るのが怖くなりましたが、ありがたいことにその後この女を見ることはありませんでした。

毎日毎日少しずつ沈んでいくという風にお話ししましたが、彼と暮らしはじめて四年目。いまは、もう耐えられないくらい長い時間動けなくなっているんです。

それどころか、沈んでいく深さがもうわからなくなって、天井が見える四角い布団の形が凄《すご》く遠くなっているんです。

私……、どうなるんでしょう？　このまま暗い底まで沈んでいったら死んじゃうような気がするんです……。


ね、僕の彼女、凄く変な怖い体験してるでしょ？

でも、布団に沈む話は暮らしはじめた途中からずっと聞いていたけど、お前が東京に来る前からそんな体験してたんだ……。

そういえば、僕はいっぺん寝たら朝まで起きないんですよ。それが一回だけ起きたことがあって……確か、酔っ払ってベロベロになって帰ってきた日に、トイレに起きたときだっけ。

目が覚めたら、隣から彼女のなんか唸《うな》るような寝苦しそうな声がしたんで、横を向いてビックリしたんです。こいつの身体の上に白い電信柱の短いようなヤツが乗っかっていたんです。

もう怖くなってトイレのことなんかブッ飛んで、ずっと布団の隙間から見てたことがありました……。

その柱がパッと消えたら彼女が目を覚ましたんで、このとき初めて、彼女の夢の話を信じる気になりました。

でも、あれは女じゃなかったけど、実家にいたときの柱みたいな話を聞いたから、いまごろになって気持ち悪くなったなぁ……。あんなのが毎晩こいつの身体の上に乗っかっていたんだと思うと、ゾッとする……。

え!!　ちょっと待って、その話、私、初めて聞いたよ。

いままであなたに何度話しても、ちっとも信じてくれなかったじゃない。

そんなものまで見てたんだったら、どうして起こしたり、後で教えてくれなかったの？

私、死ぬかもしれないってずっと悩んでいるのに、話は信じてくれないし、あなたが見た白い柱の話は内緒にされてたし……。本当は私なんかどうなってもいいんでしょ？　こんな夢を見るようになったのも一緒に住みはじめてからなのに……。そうか……私、お母さんの言うことを聞かずに彼氏作っちゃったから、こんな怖い思いをするようになったのかな……。だって、これまで実家で女が出てきたときは怖い思いはしたけど、死ぬと思ったことはなかった気がする……。あなたと暮らしはじめて女の人が出なくなったから安心していたところもあったけど、長く暮らせば暮らすほど、夢の中で深く沈んでいくから、段々死んじゃうような気がしてきたの。これって男と暮らすな、とか帰って来いっていうことかな？

何言ってるんだよ、さっき聞いたお前のお母さんの話だと、女ばっかり生き残って男が早死にする家系なんだろ？

女系家族って言ってなかったっけ？　だったら女のお前は関係ないじゃん。

早死にするのは男の方、僕だろ？

…………。

……でも、その話を聞いてて、僕も昔にお袋から聞かされた、なんかそれと似た話を思い出した……。

うちの家系は男が結婚すると早死にするんだって……。

だから、お袋も叔母《おば》さんも姉ちゃんも、みんな親父や祖父《じい》ちゃんの死んだ年をよく覚えてたっけ……。

結婚しなかった男は長生きするけど、結婚すると確か……ほとんどが五十歳までに死ぬって言ってたっけ。

僕の親父が確か三十八で心不全で死んで、それから……祖父ちゃんも四十で急死したって聞いたし、ひいじいちゃんはえーっとぉ四十二のときにポックリ病とかで死んでて、叔父さんは四十八だったかな？　うちは結婚するとホントに男は長生きしないって。姉ちゃんもそれが嫌で、結婚したくないとか言って、お袋ため息ついてたっけ……。

なに、その話？　それも初めて聞いた。そんな話、いままで忘れていたの？

私の家が女系で、男が長生きしない家系で、それであなたの家系は結婚したら若くして男が死ぬ家系なの？　それって同じじゃない！

大丈夫だよ。〝かもしれない〟って話で、ただの偶然だよ！

そう？　そうなの？　でも偶然だったとしても怖いじゃない？　聞いてたらあなたの家のお父さんたちはみんないきなり死んでない？　三十八と四十と四十二と……。あなたいま確か三十五でしょ？

……そう。このあいだの誕生日で三十五になった。

三十五？　お父さんは三十八……おじいさんが四十……ひいおじいちゃんは四十二……。ねぇ、あなたのお父さんたちが亡くなった歳ってなんか二歳ずつ若くなってない？　それであなたは来年三十六でしょ？

怖いこと言うなよ。それに僕たち、まだ結婚してないだろ？

してるのと変わらないじゃない！

……私たちが初めて出会ったとき、男の人も女の人も沢山いる職場だったよね？　いままで誰とも何もなかったのに、二人が出会って、ひと目会った瞬間にお互いに〝この人だ〟って運命を感じて惹《ひ》かれ合ったとばっかり思ってたけど、本当にそうかもしれない。惹かれ合ったのは、実は愛とか恋とかそんなんじゃなくて、女が悲しむために惹かれ合って、一緒に住みはじめたってことじゃないの？

私、あなたの部屋で見る夢の通りだと、もうすぐ天井の光が見えなくなってあの暗い底に沈みきって死んじゃうと思うの……。一緒にいると私が死んじゃう……。たぶん私があなたから遠ざかる夢かもしれない。

……そうでなきゃ、男の人と一緒に暮らしてから、毎晩同じ夢なんか見ないわ。

それにあなたは後一年で三十六でしょ？　ひょっとしたら来年のある日に突然、死ぬのかもしれないんでしょ？

そうよ、二人が四年前に出会ったのも、お互いが惹かれ合って暮らしてきたのも、本当は自分たちの気持ちなんかじゃなくて家系に都合がいい者同士だから……ってことじゃない？

……そうか、そうよ、わかったわ……。ありがとうございました。最初は彼が、怖い体験なんてほかの人に聞いてもらって、笑われたりしたらいっぺんに怖いことなんて馬鹿馬鹿しいことに変わるって言うから、申し訳ないと思いながらも長い話を聞いてもらったんですけど、話してるうちに本当に怖いことが何かわかりました。

本当にありがとうございます。私は決めました。

おい、決めたって何を……。

あら？　そんなこともわからないの？

そう言うと、彼女は唇を横に伸ばすようにして笑った。

電話料金

私が高校生のときでした。

ある日、学校から帰ってくると、夕食の支度をしているはずのお母さんが玄関までわざわざ出てきました。

あなた、夜中の電話もほどほどにね。

えっ？　どういうこと？

私にはまったく身に覚えがありません。

もちろん、夜、友達に電話をかけることはあるにはありましたが、お母さんに怒られるほど長電話した記憶はありませんでした。

いまよりももっと電話をするな、ということ？　と思い、とりあえず不承不承ながらも、はい、と答えたのです……。

それからちょうど一ヶ月経ったころ、学校から帰ってきたばかりの私の部屋に、突然お母さんが入ってきたのです。

ちょっと、先月約束したでしょ？　なんでこんなに使うのよ？　と言って、手にした紙を私に突き出しました。

何これ？

手にとってみると、電話料金の請求明細書でした。

金額を見ると五万円を超えています。

五万円？　なんでこんなに使ったの？　とびっくりすると、聞きたいのはこっちよ！と言い返されました。

本当に身に覚えはなかったのですが、でも確かにお父さんやお母さんは長電話をするような人ではなかったので、お母さんが私を怒るのも無理はなかったのです。

とはいえ、五万円分といえばかなりの長話でもしない限り、請求される金額ではありません。

私がそんなに長電話をしている声を聞いたことがある？　と言い返すことしかできませんでした。

私の家の電話は、玄関にありました。

小さな家だったので普通に電話で喋っていると、その声はお父さんやお母さんの寝室にまで届きます。

昼間は学校に行っているし、夜かけるとするならばお父さんやお母さんが寝てからということになりますが、そんな時間の電話ならいくら小さな声で話をしていても内容はともかく声くらいは寝室に届くはずです。

そう考えての反論だったのです。

しかしお母さんは、どうせ聞こえないような声でヒソヒソ話しているんでしょ！　と言ってまったく取り合ってくれません。

お父さんが帰ってきたら言いつけますからね！

そう言い残すと、お母さんは部屋を出て行きました。


その日の夕食は、お母さんが喋ったのか喋らなかったのか、お父さんは何も言いませんでした。

とはいえ私は、もしお父さんに何か言われても、電話会社のミスか電話の故障だろうと言いきるつもりでいました。

食事が終わっても電話のことが頭から離れず、布団に入っても眠れません……。

どうせ眠れないならと本を読んでいたときのことです。

チン、と小さな音がしました。

私の家の電話は、受話器を持ち上げたとき、チン、と小さな音が鳴るのです。

やっぱりお父さんかお母さんだ……。

そう思って部屋からそっと出て、玄関の方を見ると、全身に鳥肌が立ちました。

薄暗い廊下の向こうで、真っ白い女の人が受話器を持って立っているんです。

私は怖くなってすぐ自分の部屋に入りました。

見たこともない女の人……。

それも暗い玄関の中で、まるで光っているかのように白く見えたのが、怖くてたまりません。

時計を見ると午前一時を過ぎたあたりでした。

どうしようかと悩みましたが、寝ぼけて夢を見ていたのか勘違いしているのかと思い、もう一度玄関を覗《のぞ》いてみました。

……その女の人はまだ立っていました。

俯《うつむ》いて、ひと言も喋らず、ただ受話器を持って立っているのです……。

私はまた部屋に入って、どうしよう、どうしようと考えていました。

一時間ほど経ったでしょうか……、再び、チン、という音がしたので玄関を見にいくと、受話器が元に戻されていて、女の人がいなくなっていました。

自分の見たものが信じられなくて、玄関に近づいたときでした。

ぱっと明るくなったのです。

びっくりして横を見ると、お父さんとお母さんが立っていました。

どうしてこんな時間に？　と訊《たず》ねると、お父さんとお母さんは二人で相談して、私の長電話の現場を押さえるつもりで起きていたらしいのです。

そこへ、受話器の上がった音がしたので二人で出てみると、玄関に白い女の人が立っているのを見てしまい、寝室に戻ってどうしようと悩んでいたということでした。

突然お父さんが、そうだ……、と言って、電話料金の請求明細書についている通話履歴を調べたんです。

その履歴に、地方の知らない番号がずらりと並んでいました。

お父さんは何を思ったのか、その通話履歴の紙を持ってダイヤルしはじめたのです。

お母さんがびっくりして、何するの？　こんな時間に？　と訊ねました。

相手を確かめてみる！　たったいま電話が切れたばかりなんだし、きっと相手の人も起きているよ……。それに、手がかりはこれしかないし。このままだと怖いじゃないか。

お父さんの言うことももっともだと、お母さんと私はその電話をそばで見守ることにしました。

ダイヤルを回して受話器を耳にあてていましたが、不思議なことにお父さんはひと言も喋りません。

相手が出ないのならば、七、八回ほどコール音を聞いたところで切るはずです。

それが、ひと言も喋らないまま一分経ち、三分経ち……、五分も経ったあたりでそのまま受話器を置いたのです。

どうだった？　とお母さんが聞くと、コール音が一度もすることなく相手が出たかと思うと、延々と風のビュービューと吹く音がしていたということでした。

その日を最後に、女が現れることもなく、次の月の請求はいつもの金額に戻りました。

あとがき

二〇〇五年に『現代百物語　新耳袋』（中山市朗との共著／全十夜）が完結し、一年お休みをいただいた後、新しく立ち上げたシリーズがこの〈隣之怪〉です。

初めての単著となるシリーズをスタートさせるのだから、ということで〈新耳袋〉には書かなかった因果や呪いに纏《まつ》わる話を、少しずつでも残していこうというのが最初の心づもりでした。

それを決定づけることになったのが、友人で声優をやっている茶風林《ちゃふうりん》さんからの依頼でした。

茶風林さんといえば、テレビアニメ『名探偵コナン』の目暮《めぐれ》警部、あるいは『ちびまる子ちゃん』の永沢君やヒデじいなど、長年続いている人気アニメシリーズの名脇役を演じておられる声優さんです。

この茶風林さんから、（現在も続く）『怪し会』という怪談の朗読会をやりたいんです……出来れば書き下ろしをお願いできないものだろうか？　と相談されたのです。

その依頼に応《こた》えて封印を解いたのが、表題タイトルにもなっている「木守《こも》り」という話です。

「木守り」を取材したのが私が中学二年生のときですから、三十三年目（二〇〇七年当時）にして初めて書いた体験談でした。

この依頼が〈隣之怪〉シリーズの骨格になってくれたのです。

怪談は基本的に語りの世界ですから、語るということ、聞くということにこだわって書けばどうなるだろうか……と、〈新耳袋〉とはまったく違う視点でスタートさせてみたものの、慣れない形ゆえに大変苦労しました。

今回文庫化にあたって、少しでも読みやすくなれば……とかなり手を加えています。

〈新耳袋〉以前から、そしてそれ以降も集め続けている怪談の世界を、どうかこれからもよろしくお願いいたします。

「木守《こも》り」と僕

茶風林

子供の頃から怖い話が苦手でした。田舎に遊びに行くと義理の姉貴に薄暗い仏間に連れて行かれては『マーガレット』に載っているショートホラー小説（怖い挿絵入り、怖い漫画だったかも）を、無理やり読み聞かされて恐怖に怯《おび》えていました。楳図《うめず》かずお氏の『へび少女』などはもう、もっての外でした。

そんな怖がりの僕が怪談と関われるようになったのは、単に僕が大人になったというだけではなく、〈新耳袋〉と出会い、実話怪談の底に流れる因果は全て人の情なのだということが解ったからかもしれません。

今や常連となったトークライヴ「新耳袋」に初めて行った時の衝撃は今も忘れられません。笑いをおりまぜた絶妙なトーク。自ら取材してきた者にしか語れないリアリティと独特の怪談語り。僕自身も役者として、語る者として、エンターテイナーとしての憧《あこが》れがそこにありました。